TAYLOR SWIFT
IN EIGENEN WORTEN

TAYLOR SWIFT
IN EIGENEN WORTEN

**Herausgegeben von
Helena Hunt**

**Aus dem Englischen von
Alexander Bick**

Community
EDITIONS

Taylor Swift. In eigenen Worten
Herausgegeben von Helena Hunt

FSC MIX Papier | Fördert gute Waldnutzung FSC® C014496

Druckprodukt mit finanziellem
Klimabeitrag
ClimatePartner.com/20273-2404-1012

Für die deutschsprachige Ausgabe:
1. Auflage
© 2024 Community Editions GmbH
Weyerstraße 88–90, 50676 Köln

Herausgeberin: Helena Hunt
Layout & Design: Agate Publishing, Inc.
Deutsche Übersetzung: Alexander Bick
Satz, Lektorat und Redaktion: booklab GmbH, München
Umschlaggestaltung: Alina Sawallisch, www.saalina.de
Illustration: Monique Mildner
Hintergrund Cover und Vor- und Nachsatz: pexels.com/Codioful
Projektleitung: Hanna Kirsch

Gesetzt aus der Bagdoll Display von Lőrinc Balogh, der Minimasimple von Benoit
Fourdinier, der Futura von Adobe, der Cambria von Microsoft Corporation,
der Sentinel von Hoefler & Co. und der League Spartan Bold von The League of
Moveable Type.

Community
EDITIONS

Gesamtherstellung: Community Editions GmbH

ISBN 978-3-96096-477-3

Druck: GGP Media GmbH, Karl-Marx-Str. 24, 07381 Pößneck
Printed in Germany

www.community-editions.de

Ich möchte nicht das Haus abbrennen, das ich selbst gebaut habe. Aber ich kann es erweitern und manches neugestalten. Es ist und bleibt mein ureigenes Werk, und ich werde mich nicht hinsetzen und sagen: »Ach, hätte ich doch keine Korkenzieherlocken gehabt, hätte ich doch nicht mit 17 bei den Preisverleihungen zu Sommerkleidern Westernstiefel getragen, und hätte ich doch nicht diese Phase gehabt, in der ich nur noch Prinzessinnenkleider anziehen wollte.« Das alles waren damals persönliche Entscheidungen von mir, die mir nicht von außen aufgezwungen wurden. Und es waren wichtige Phasen bei meinem Erwachsenwerden.

– TAYLOR SWIFT

Inhalt

Danksagung

Wir danken John Crema, Kelsey Dame, Amanda Gibson, Morgan Krehbiel, Emma Kupor, Erin Rosenberg und Jameka Williams für ihre wertvolle Unterstützung bei der Erstellung des Manuskripts.

Einleitung

Seit sie im Alter von elf oder zwölf Jahren auf der Weihnachtsbaumfarm ihrer Eltern in Pennsylvania Gitarre spielen lernte, zeigt sich Taylor Swift als eine musikalische Geschichtenerzählerin, deren Image sich immer wieder wandelte. Sie berichtet, dass sie stets das Ziel verfolgt habe, besser als die anderen Kinder zu sein, die ebenso wie sie davon träumten, berühmt zu werden. Wenn sie von der Schule nach Hause kam, arbeitete sie unermüdlich daran. Sie lernte Gitarre, trat auf Grillabenden und Pfadfindertreffen auf und verschickte Demobänder an Musikmanager in Nashville. Doch es waren ihre selbst geschriebenen, trotz ihres jungen Alters sehr überzeugenden und eingängigen Songtexte, die sie aus der Masse heraushoben.

In Nashville (Taylor Swift überzeugte als 14-Jährige ihre Eltern, dort hinzuziehen) glaubten die meisten Plattenlabel nicht, dass Countryfans an Taylor Swifts Songs über Mobbing, Highschool-Romanzen und unerfüllte Liebe interessiert seien. Doch Taylor Swift wusste es besser und war sich der Wirkung ihres Images bewusst. Der amerikanische Musikproduzent Scott Borchetta entdeckte sie in Nashville und bot ihr einen Vertrag bei seinem Label Big Machine Records an. Sie sagte zu, und das Label veröffentlichte ihre ersten sechs Alben.

Rasch fand Taylor Swift ihr Publikum, das nur auf sie gewartet zu haben schien. Ihre erste Single »Tim McGraw« und ihr erstes Album *Taylor Swift* schafften es in die Country Charts und erhielten große Aufmerksamkeit bei Preisverleihungen und einer wachsenden Zahl von Fans. Unermüdlich promotete Taylor Swift ihre Musik. Sie wurde zu Hause unterrichtet, um Tourneen und neue Aufnahmen machen zu können. In Radio- und TV-Interviews präsentierte sie sich als ganz normaler Teenager – mit Respekt vor dem eigenen Erfolg, stets zu Scherzen aufgelegt, mit Storys über ihre Freundschaften und mit Highschool-Mobbing-Geschichten. Indem sie zeigte, dass die Erfahrungen von Teenagermädchen normal, interessant und es wert sind, darüber zu singen, verwandelte sie ihre Normalität in einen außergewöhnlichen Erfolg.

Mit den Alben *Fearless* und *Speak Now* führte Taylor Swifts Karriere steil bergauf. *Fearless*, ihr erst zweites Album, wurde die Nummer eins der Billboard 200-Charts, gewann den Grammy für das Album des Jahres und bescherte ihr ihre erste weltweite Headliner-Tour. *Speak Now* handelt, wie auch schon *Taylor Swift*, von Mobbing und Liebeskummer, geht jedoch weit über den Schulalltag hinaus. In den Songs von *Speak Now* schwärmt die junge Sängerin nicht mehr für den Kapitän des Footballteams oder den Nachbarssohn, sondern besingt Freud und Leid der Liebe zu John Mayer, Joe Jonas und Taylor Lautner, die allesamt selbst Berühmtheiten sind. Auch Taylor Swifts Musik hatte sich weiterentwickelt – vom einfachen Countrysong zur mitreißenden Popkomposition.

Ihr nächstes Album, *Red*, war mit deutlich erwachseneren Songthemen ein weiterer Schritt weg vom anfänglichen Countrysound hin zur Popmusik. Die Songs drehen sich vor allem um Liebeskummer (wohl wegen Jake Gyllenhaal) und zeigen nicht nur Taylor Swifts gereifte Persönlichkeit, sondern auch ihre Offenheit dafür, musikalisches Neuland zu betreten. Doch anders als bei den vorangegangenen Alben merkte man Taylor Swift bei *Red* und bei der Werbekampagne für das Album die Anspannung wegen der Gerüchte um ihr Privatleben und den hohen Erfolgsdruck an.

Mit *1989*, ihrem ersten reinen Popalbum, verabschiedete sich Taylor Swift von ihren Countrywurzeln. Doch trotz aller Zweifel ihres Labels an diesem Experiment wurde *1989* ein Riesenerfolg – mit 1,287 Millionen verkauften Alben allein in

~~der ersten Woche, einem Grammy für das Album des Jahres~~
und als meistverkauftes US-Album des Jahres 2014.

Taylor Swift traf auch die weitreichende Entscheidung, *1989* nicht beim Streamingdienst Spotify einzustellen, und ließ dort wenig später alle ihre früheren Alben entfernen. Sie schrieb zudem einen offenen Brief an Apple Music, als sie erfuhr, dass man dort in den drei kostenlosen Probemonaten von Neukunden den Künstlerinnen und Künstlern keine Tantiemen zahlte. Taylor Swift verurteilte dieses Vorgehen nicht nur als unfair gegenüber Stars wie sie selbst, sondern vor allem auch gegenüber Newcomern. Ihr Brief fruchtete: Apple Music stimmte zu, auch während der dreimonatigen Probezeit die entsprechenden Anteile auszuzahlen.

Doch obwohl sich Taylor Swift selbstbewusst gegen Ungerechtigkeiten in der Musikindustrie aussprach und sich künstlerisch erkennbar weiterentwickelte, musste sie sich immer wieder denselben dummen Fragen zu ihrem Privatleben stellen. Einige Jahre nach der Veröffentlichung von *1989* ließen Gerüchte um Streitigkeiten mit Kanye West, ihrem Ex-Freund Calvin Harris und mit Katy Perry die Songwriterin als zänkische Diva und falsche Schlange dastehen, die scheinbar ihren Ruhm dafür missbrauchte, den Erfolg anderer zu untergraben. Niemand sah in ihr mehr einen unschuldigen Teenie mit Engelslocken (wie bei ihrem ersten Album) oder eine nachdenkliche Sängerin mit gebrochenem Herzen (wie bei *Red*). Doch Taylor Swift arbeitete bereits an einem neuen Image und ging zum Gegenangriff über.

Ende 2017 löschte sie alle Beiträge auf ihren Social-Media-Accounts und postete Videos von einer zusammengerollten Schlange. Wenig später kündigte sie ihr neues Album *Reputation* an und veröffentlichte den Song »Look What You Made Me Do«. Der Text und das Musikvideo der Single zeigen eine Taylor Swift, die durch die Vorwürfe gegen sie nicht nur reifer und härter geworden ist, sondern ihren Gegnern nun auch offensiv entgegentritt. Doch *Reputation* offenbart neben der kämpferischen auch die gefühlvolle Seite der Künstlerin, die trotz der schweren Zeiten, die sie durchmacht, in mehreren Songs über die Liebe singt – vermutlich zu dem umschwärmten Joe Alwyn.

Im Sommer 2019 teaserte Taylor Swift erneut ein neues Album, indem sie in den Social Media Fotos in leuchtenden Pastellfarben postete, bevor der fröhliche Popsong »ME!« herauskam. Das Album *Lover*, das dann folgte, markierte den Beginn einer neuen Schaffensphase und zugleich die Rückkehr zu ihrer Rolle als verspielter, mädchenhafter und offenherziger Teenie. Taylor Swift plante für die Vorstellung des neuen Albums keine große Welttournee, sondern einige kleinere Festivals. Doch der Ausbruch von Covid-19 zwang sie dazu, sämtliche Shows abzusagen.

Inmitten der Pandemie überraschte Taylor Swift mit dem Album *Folklore*. Wieder schlug sie eine neue Musikrichtung ein, indem sie softe Indiefolk-Balladen präsentierte. Doch das war nicht alles. Einige Monate später erschien das Schwesteralbum zu *Folklore – Evermore*. Es bot eine Fortsetzung des Indiesounds und fantasievolle Geschichten, für die Taylor Swift sich nach eigener Aussage immer noch begeisterte.

Im Folgejahr begann Taylor Swift Neueinspielungen ihrer ersten sechs Alben herauszubringen. Der Grund dafür: Als ihr Vertrag mit Big Machine endete, weigerte sich das Label, ihr die Rechte an den Masteraufnahmen zu verkaufen. Stattdessen gingen sie an den Musikmanager Scooter Braun, den Taylor Swift als einen Tyrannen bezeichnete. Die Fans nahmen die Neueinspielungen dankbar an und ersetzten in ihren Playlists die alten Streams durch die neuen. Auch die Kritiker waren voll des Lobes, und das Onlinemagazin *Billboard* krönte Taylor Swift zum Größten Popstar des Jahres 2021.

Inspiriert durch Angstgefühle und Unsicherheiten in ihren schlaflosen Nächten, kehrte Taylor Swift 2022 mit dem Elektropop-Album *Midnights* zur Popmusik zurück. Es wurde bei Spotify das an einem Tag meistgestreamte Album aller Zeiten und brach auch sonst mehrere Rekorde: Zehn der Songs belegten in derselben Woche alle Top-Ten-Platzierungen der Billboard Hot 100. Das war zuvor noch keinem Album gelungen.

Nach fünf Jahren ohne Tournee war Taylor Swifts Rückkehr auf die Bühne lang überfällig. Die *Eras*-Tour mit Songs aus allen Alben und Musikrichtungen des Megastars führte durch die großen Stadien von fünf Kontinenten. Beim Start des Vorverkaufs in den USA brach die Ticketmaster-Website zusammen, als sich 14 Millionen Fans darum bemühten, eine Eintrittskarte zu ergattern. Wie so oft in Taylor Swifts Karriere waren die Konzerte weltweit restlos ausverkauft. Die Tour brach alle Rekorde und erlangte einen regelrechten Kultstatus.

Die Zitate in diesem Buch machen die Entwicklung einer jungen Frau deutlich, die im Eiltempo erwachsen wurde, die aufsteigt, Rückschläge erfährt, sich neu erfindet, sich behauptet, neue Ideen entwickelt und nicht nur als Singer-Songwriterin an ihrem musikalischen Vermächtnis arbeitet, sondern auch als kulturelle Ikone für die Rechte von Künstlerinnen und Künstlern eintritt.

Teil I

PRIVATLEBEN

Never Grow Up: frühe Jugend und Aufbruch nach Nashville

ICH BIN AUF einer Weihnachtsbaumfarm aufgewachsen und erinnere mich, dass ich als wildes Kind mit verwuschelten Haaren überall herumtoben durfte. Dadurch wurde sicherlich meine lebhafte Fantasie gefördert. Ich war regelrecht besessen davon, mir kleine Geschichten auszudenken. Das hat mich dann später zum Songwriting gebracht.

**– Proben für die 52. Verleihung der Grammy Awards,
31. Januar 2010**

MEINE MOM FAND, dass Visitenkarten, auf denen »Taylor« steht, cool wären, weil dann niemand wüsste, ob ich ein Mann oder eine Frau wäre. Sie wollte immer, dass ich eine Geschäftsfrau werde.

– *Rolling Stone*, 5. März 2009

WENN ICH MEINE Gitarre in die Hand nahm, konnte ich nicht mehr aufhören. Ich spielte dann, bis meine Finger bluteten und meine Mom Pflaster draufklebte. Ihr könnt euch vorstellen, wie beliebt mich das gemacht hat: »Seht euch ihre Finger an, sie übertreibt es wirklich!«

– *Rolling Stone*, 5. März 2009

ICH LERNTE NUR deshalb, eine zwölfsaitige Gitarre zu spielen, weil mir irgendjemand sagte, meine Finger wären zu klein, und ich würde es niemals schaffen. Immer wenn mir jemand sagt, dass ich etwas nicht hinkriege, versuche ich es erst recht.

– *Teen Vogue*, 26. Januar 2009

ANMERKUNG: Gitarren haben meist sechs oder zwölf Saiten. Von zwölfsaitigen Gitarren heißt es, sie seien für Anfänger schwerer zu spielen, weil sie ein breiteres Griffbrett haben und die Hand des Spielenden beim Drücken auf die Saiten weiter greifen muss.

ICH BEGANN SONGS zu schreiben, weil das meine Art war, Probleme in der Schule oder sonstigen Ärger zu verarbeiten. Ich sagte mir: »Ist schon okay, schreib später einfach einen Song darüber!« So trainierte ich mein Hirn, mit Dingen fertigzuwerden: »Kummer? Belastende Gefühle? Mach einfach einen Song draus!«

– *Today* Australia, 26. November 2012

WENN DU DICH in der Schule anders verhältst als andere, giltst du sofort als schräg. Und wer schräg ist, wird von den anderen gemieden ... Ich denke, Musikerinnen und Musiker oder auch Leute, die in der Musikszene, in Hollywood oder sonst wo landen, wissen, wovon ich rede – weil sie schon von frühester Kindheit an andere Dinge geliebt haben als die meisten Kids.

– Beats 1, 13. Dezember 2015

ICH ERINNERE MICH an Mädchen, die zu Talent-shows kamen und jedem gleich erzählten: »Ich heiße soundso, und ich werde eines Tages berühmt sein.« So ein Mädchen war ich nie. Ich bin mit meiner Gitarre einfach auf die Bühne gegangen und habe gesagt: »Dies ist ein Song, den ich über einen Jungen in meiner Klasse geschrieben habe.« Daran hat sich bis heute nichts geändert.

– *Glamour*, 1. Juli 2009

WENN MUSIK EINE längst vergessene Erinnerung wieder lebendig werden lässt, dann ist das wie eine Zeitreise in die Vergangenheit. Wann immer ich heute »Cowboy Take Me Away« von den Dixie Chicks höre, bin ich im selben Augenblick wieder das zwölfjährige Mädchen, das mit seiner Familie in einem kleinen, holzgetäfelten Zimmer in unserem Haus in Pennsylvania sitzt.

Ich übe Akkorde auf meiner Gitarre und singe dazu, um mich auf einen kurzen Auftritt in einem Café vorzubereiten.

– *Elle* UK, 28. Februar 2019

> **ANMERKUNG:** Die Dixie Chicks sind eine amerikanische Countryband, die ihren Namen 2020 aus Protest gegen Rassismus in The Chicks umänderte. Die Band verwendete das Wort »Dixie« nicht mehr, weil es die Südstaaten der USA bezeichnet, die während des amerikanischen Bürgerkriegs für die Sklaverei eintraten.

ALS ICH ZEHN war, sah ich eine Fernsehsendung über Faith Hill. Darin hieß es: »Im Alter von etwa 19 Jahren ging Faith Hill nach Nashville. Das war der Anfang ihrer Karriere in der Countrymusic.« Für mich als Kind war das wie eine Erleuchtung! Ich wusste plötzlich, ich muss auch nach Nashville! Für mich war das ein magischer Ort, an dem meine Träume wahr werden würden ... Danach begann ich meine Eltern tagtäglich zu nerven: »Ich muss nach Nashville! Bitte, bitte, bitte, bringt mich nach Nashville!«

– *The Paul O'Grady Show*, 8. Mai 2009

ANMERKUNG: Faith Hill wurde Anfang der 1990er-Jahre als Country- und Popsängerin berühmt. Sie gewann drei Auszeichnungen der Country Music Association und fünf Grammys. Nashville ist das Zentrum der Countrymusic.

ES KLINGT VERRÜCKT, dass eine Familie nur wegen ihrer 14-jährigen Tochter durchs halbe Land
umzieht, aber ich war wirklich hartnäckig. Seit
ich neun war, ergriff ich jede Chance, bei Theater-
aufführungen mitzumachen. Außerdem hatte ich
Auftritte in Cafés, schrieb Songs und nahm Demos
auf. Wenn ich heute zurückblicke, war das Ganze
wirklich ungewöhnlich für ein Kind. Aber damals
kam mir das alles völlig normal vor.

– *Top Billing*, 7. November 2014

ANMERKUNG: Demos – Kurzform für »Demoaufnahmen« –
sind Probeaufnahmen, die einen ersten Eindruck von einem Song
vermitteln sollen. Demos werden von Bands sowie Sängerinnen
und Sängern eingespielt, um bei Plattenfirmen oder Produzenten
einen Vertrag zu bekommen.

ALS ICH ZEHN Jahre alt war, lag ich nachts oft wach und stellte mir vor, wie ich vor einer tosenden Menge auf die Bühne ins Scheinwerferlicht trete. Schon damals hatte ich nicht nur sehr genaue Vorstellungen davon, wie es sich anfühlen würde, dort zu stehen, sondern auch davon, wie ich dort hingelangen würde.

– Country Weekly, 3. Dezember 2007

DU MUSST VIELE Hürden überwinden und viele Leute treffen, die dir wichtige Kontakte verschaffen. Du musst auch sehr hart arbeiten, und du trittst an allen möglichen Veranstaltungsorten auf: bei Pfadfindertreffen, Kleingartenvereinen und in Cafés – einfach überall, wo es geht, weil du es so liebst.

– My Date With …, 13. November 2009

ALS ICH 14 war, bekam ich einen Job als Songwriterin für Sony/ATV Publishing ... Ich war in der
achten Klasse, und meine Mutter fuhr mich von
der Schule ins Zentrum von Nashville, wo ich mit
tollen Songwritern zusammen Songs schrieb.
Und dann ging ich nach Hause, um meine Haus-
aufgaben zu machen.

– The Ellen DeGeneres Show, 11. November 2008

ICH WUSSTE, DASS die anderen Songwriter dach-
ten: »Jetzt sitze ich hier, um für eine 14-Jährige
einen Song zu schreiben.« Deswegen kam ich immer mit fünf bis zehn guten Ideen in jedes Meeting.
Denn ich wollte, dass sie mich als Kollegin ernst
nehmen und nicht als kleines Kind ansehen.

– New York Times, 7. November 2008

ALS ICH MEINE ersten Versuche unternahm, einen Plattenvertrag zu ergattern, bekam ich am häufigsten zu hören: »Junge Leute hören keine Countrymusic. Die Zielgruppe für Countrymusic sind 35-jährige Frauen. Sie sind die Einzigen, die Country im Radio hören ...«

Das wurde mir überall gesagt, wohin ich auch kam, und jedes Mal dachte ich: Das kann einfach nicht stimmen! Ich selbst höre Countrymusic, und es muss überall auch andere Mädels geben, die Country lieben und Musik wollen, die für sie und unsere Altersgruppe gemacht ist.

– *CMT Insider*, 26. November 2008

DIE MEISTEN SONGS, die ich im Radio hörte,
handelten davon, zu heiraten, Kinder zu kriegen
und sich irgendwo niederzulassen. Damit konnte
ich gar nichts anfangen. Ich schrieb weiter Songs
über den Typen, den ich seit ein paar Wochen traf
und der mich betrog, über all das, was ich gerade
durchmachte ... Warum sollte Countrymusic andere in meinem Alter nicht erreichen, wenn ich doch
solche Songs schrieb?

– Telegraph, 26. April 2009

ICH HATTE EINEN Auftritt im Bluebird Cafe, wo
auch Faith Hill entdeckt wurde. Ich spielte Gitarre
und sang ein paar meiner Lieder. Im Publikum saß
ein Mann namens Scott Borchetta. Nach der Show
kam er zu mir und sagte: »Ich will dich herausbringen und möchte, dass du weiterhin deine Songs
selbst schreibst.« Ich konnte es gar nicht glauben!
Ein paar Tage später rief er mich an: »Die gute
Nachricht ist, dass ich dich bei meinem Plattenlabel unter Vertrag nehmen will. Die schlechte
Nachricht ist, dass ich noch kein Label habe.«

– Taylor Swift: Journey to Fearless, 22. Oktober 2010

WENN ICH HEUTE wieder eine Schule betrete, dort zu einem Footballspiel gehe oder zu einem Konzert, spielt es keine Rolle, wie viele Leute mich um ein Autogramm bitten. Wenn ich einen dieser beliebten Leute sehe, fühle ich mich immer noch so, als wären meine Haare kraus und als würden mich alle komisch angucken.

– Seventeen, 20. Januar 2009

ME!: auf dem Weg zum Star

MITTLERWEILE HABE ICH mich daran gewöhnt, dass sich mein Leben über Nacht völlig verändert hat. Der große Erfolg ist wie ein Rausch. Und ja, das alles hat mich auch erschöpft, aber ich genieße dabei trotzdem, dass ich etwas erreicht habe.

– **Mix 93.3**, 29. Oktober 2012

IN DER SCHULE oder im Sport habe ich nie irgendwas gewonnen. Aber das änderte sich jetzt plötzlich. Es heißt immer: »Genieße den Augenblick!« Wenn du das bei einer wichtigen Preisverleihung tust und du gewinnst, dann flippst du richtig aus!

– *Rolling Stone*, 25. Oktober 2012

ANMERKUNG: Taylor Swift war 2012 bekannt dafür, dass sie bei Preisverleihungen oft vor Freude außer sich geriet, wie viele GIFs im Internet zeigen.

VON MEINEN ELTERN habe ich gelernt, dass Erfolg
im Leben nichts Selbstverständliches ist und dass
man nur etwas erreicht, wenn man hart dafür
arbeitet. Deshalb kann ich es jedes Mal kaum
fassen, wenn ich einen Preis gewinne, und denke
dann, dass mir das nie wieder gelingen wird.

– The Alan Titchmarsh Show, 28. Oktober 2010

WORTE SIND ALLES für mich. Sie können mich
aufbauen und absolut glücklich machen. Anderer-
seits können mich Worte aber auch richtig runter-
ziehen. Wenn ich schlechte Kritiken bekomme,
trifft mich das tief.

– Entertainment Weekly, 3. Dezember 2010

MEIN SELBSTBEWUSSTSEIN IST leicht zu erschüttern. Ich kenne meine Schwächen ... und meine innere Stimme sagt mir immer wieder, was ich alles nicht kann ... Wenn man Tausende Male hinaus auf die Bühne geht, gelingt nicht jeder Abend perfekt. Und wenn der Abend vor einem großen Publikum misslingt und alles dann öffentlich ausgebreitet wird, trifft mich das schon hart. Aber ich bin nun mal eine Songwriterin und kann mir einfach kein dickes Fell zulegen und meine Gefühle durch Mauern schützen. Es ist mein Job, Dinge zu fühlen.

– *All Things Considered*, 2. November 2012

ICH HABE ANGST davor, nur mittelmäßig zu sein.

– **Associated Press**, 21. November 2006

ICH STELLE MICH alle zehn Minuten hundert-
tausendmal selbst infrage ... und es gibt eine irre
lange Liste an Ängsten, unter denen ich leide. Ich
fürchte mich praktisch vor allem: vor Krankheiten,
Spinnen oder auch vor einstürzenden Dächern.
Und mir jagt der Gedanke Angst ein, dass die Leute mich nicht mehr hören wollen.

– VH1 Storytellers, 11. November 2012

WENN ICH MICH schlecht fühle, ist meine Mutter die letzte Rettung für mich, weil sie einfach
vernünftig und realistisch bleibt. Sie schafft es
irgendwie immer, dass ich nicht mehr so aus dem
Gleichgewicht bin.

– Vanity Fair, 11. August 2015

ICH LEGE KEINEN Wert darauf, immer von Leuten umgeben zu sein, die mir nur das sagen, was ich hören will. Das gibt mir keinen Kick. Stattdessen habe ich Freundinnen und Freunde, die das, was sie tun, mit Leidenschaft tun. Sie führen ihr eigenes Leben, haben ihre eigenen Jobs und ihre eigenen Ziele, die sie ebenso entschlossen verfolgen wie ich meine in der Musik.

– BBC Radio 1, 9. Oktober 2014

ICH GLAUBE WIRKLICH, dass mir meine Freundinnen heute so wichtig sind, weil ich in meiner Schulzeit keine hatte, obwohl ich mir das immer wünschte. Aber es war damals schwer für mich, Freundschaften zu schließen.

– *GQ*, 15. Oktober 2015

WIR HABEN SOGAR Mädels in der Gruppe, die denselben Typen gedatet haben. Doch für uns ist viel wichtiger, dass wir wie Schwestern zusammenhalten ... In der heutigen Zeit haben es Frauen schwer, in den Medien fair und verständnisvoll dargestellt zu werden. Und wenn man so aufeinander angewiesen ist wie wir in unserer Gruppe, dann müssen wir Mädels besonders rücksichtsvoll miteinander umgehen und dürfen uns nicht gegenseitig verurteilen, nur weil wir denselben Geschmack haben, was Männer betrifft.

– *Vanity Fair*, 11. August 2015

ICH HABE MICH während meiner Karriere immer wie 40 gefühlt, denn ich musste schnell erwachsen werden. Aber dadurch sind in meiner Jugend viele Dinge zu kurz gekommen, auch was meine Interessen und Hobbys angeht. Der schönste Feiertag am 4. Juli für mich war, als ich mir eine riesige aufblasbare Rutsche im Garten aufbauen ließ und auf meinen Rasen runtersauste.

– Bei einem Cover-Shooting für *Lucky*, Dezember 2014

ICH DENKE VOR allem über Metaphern und
Katzen nach.

– Yahoo! Livestream, 18. August 2014

ICH HABE MEINE Katzen nach meinen Lieblings-
heldinnen im Fernsehen benannt. Meine erste
Katze heißt Meredith nach Meredith Grey, meine
zweite Katze Olivia nach Detective Olivia Benson.
Zwei Katzen sind okay, aber ich werde mir keine
dritte zulegen, weil ich keine schrullige Katzen-
mutter werden will. Doch wenn ich eine dritte
hätte, dann würde ich sie vielleicht Monica Geller
nennen.

– Bei einem Cover-Shooting für *Lucky*, Dezember 2014

ANMERKUNG: Meredith Grey ist die Hauptfigur in der
Krankenhausserie *Grey's Anatomy*. Olivia Benson ist der Name
der leitenden Ermittlerin in der Krimiserie *Law & Order: Special
Victims Unit*, und Monica Geller ist eine der sechs Hauptfiguren in
der Sitcom-Serie *Friends*. Seit 2019 hat Swift eine dritte Katze, die
sie nach der Filmfigur Benjamin Button benannte.

ICH BIN SEHR gut organisiert, oft bis ins kleinste
Detail. Wenn ich mir alte Fotos anschaue und
sehe, welche Frisur ich hatte und welches Kleid
ich trug, weiß ich sofort: »Oh, das war das zweite
Album!«

– Yahoo! Livestream, 18. August 2014

WAS MEIN STYLING angeht, folge ich immer meinen Eingebungen. Als ich 15 war, gefiel es mir, in
einem Sommerkleid und Cowboystiefeln rumzu-
laufen. Das tat ich dann zwei Jahre lang. Danach
wollte ich mir einen künstlerischen Touch geben
und kleidete mich wie eine Elfe, wieder zwei Jahre
lang. Wenn ich heute Fotos aus den 1950er- und
1960er-Jahren sehe, als die Frauen rot geschmink-
te Lippen und Ohrringe mit Perlen hatten, dann
gefällt mir dieser klassische Retrostil. Deshalb tra-
ge ich jetzt eher Kleidung, die an die damalige Zeit
erinnert. Mein Stil folgt immer einer bestimmten
Richtung.

– Keds-Partnerschaftsvideo, 15. Mai 2013

ICH WERDE MICH nie hinstellen und sagen: »Okay Leute, ich bin jetzt eine reife Frau und werde nur noch theatralische Songs schreiben und in aufreizenden Outfits auf der Bühne tanzen.« Das passt einfach nicht zu mir. Ich hoffe, alles wird sich für mich ganz normal weiterentwickeln.

– Today, 14. Februar 2012

UNS WIRD IMMER gesagt, wir sollen uns Vorbilder dafür suchen, wie wir unser Leben gestalten wollen. Aber ich kann niemanden ausmachen, dessen Karriereweg meinem entspricht. Also bleibe ich optimistisch und hoffe, dass es auch ohne Vorbild weiter vorangeht.

– Time, 13. November 2014

ICH DENKE OFT über die Zukunft nach und frage
mich: »Was werde ich machen, wenn ich 30 bin?«
Aber das weiß niemand! Die ganze Grübelei führt
zu nichts. Ich denke so viel über mich nach und
stelle nur fest, dass ich voller Zukunftsängste bin.

– Vogue, 16. Januar 2012

ALS ENTERTAINER WOLLEN wir dem Publikum
gefallen. Falls die Leute mich mit 40 nicht mehr
sehen wollen, wie ich in einem funkelnden Dress
Songs für Teenager singe, dann lasse ich es eben.
Ich habe nicht vor, etwas vorzugaukeln, was ich
nicht bin.

– Vogue Australia, 14. November 2015

MEIN LEBEN BESTAND darin, ein Album aufzunehmen, es herauszubringen und dann damit auf Tournee zu gehen ... immer und immer wieder, bis ich meine *1989* World Tour beendet hatte. Danach hatte ich das dringende Gefühl, für eine gewisse Zeit eine Pause einlegen zu müssen, damit ich über vieles nachdenken konnte. Aber ich fragte mich, wie es sich anfühlen würde, wenn ich plötzlich nicht mehr die ganze Zeit im Rampenlicht stehe. Ich fürchtete mich davor, bei den Leuten in Vergessenheit zu geraten und dass sie irgendwann vielleicht lieber jemand anders in einem Glitzerdress bewundern würden. Deshalb war ich so froh, als ihr alle mich dabei unterstützt habt, eine Pause einzulegen. Ihr wart so einfühlsam und gabt mir das Gefühl: »Tu einfach, was gut für dich ist! Denn wir wollen nur, dass du happy bist!«

– *Reputation* Stadium Tour, Foxborough, Massachusetts, 26. Juli 2018

ALLES, WAS DU jemals gewesen bist, und jede Phase, die du durchlebt hast, war immer das Ergebnis dessen, was du zu der Zeit mit deinem damaligen Wissen angefangen hast. Wenn ich heute zurückblicke, denke ich manchmal: »Wow, vor ein paar Jahren hätte ich mir das noch nicht zugetraut!« Man sollte immer stolz auf das sein, was man gerade tut, was man zukünftig erstrebt und was man früher getan hat!

– Time, 6. Dezember 2023

Love Story:

Liebe, gebrochene Herzen und die Medien

MICH FASZINIERT DIE Liebe selbst viel mehr als die Frage »Oh, steht dieser Typ tatsächlich auf mich?«. Ich liebe die Liebe. Und ich liebe es, sie zu beobachten. Ich liebe es, darüber nachzudenken, wie wir miteinander umgehen und wie total unterschiedlich Menschen fühlen!

– Rolling Stone, 5. März 2009

AM MEISTEN BRAUCHEN die Leute Musik, wenn sie verliebt sind oder eine Liebe in die Brüche gegangen ist.

– Backstage bei den 2012 Canadian Country Music Association Awards, 9. September 2012

ICH SCHRIEB [»TEARDROPS On My Guitar«] über einen Jungen, in den ich verknallt war, ohne dass er es merkte. Jetzt weiß er es natürlich. Ich habe die Angewohnheit, Songs über meine Dates zu schreiben und deren Namen zu nennen. Ich kann anscheinend nicht anders.

– The Paul O'Grady Show, 8. Mai 2009

WENN TYPEN NICHT wollen, dass sie in meinen
Songs schlecht wegkommen, dann sollten sie sich
nicht schlecht benehmen!

– Dateline, **31. Mai 2009**

ICH BIN HOFFNUNGSLOS romantisch und ihr wohl
auch, sonst wärt ihr nicht hier. Aber als hoffnungs-
lose Romantiker haben wir ein Problem: Wenn
wir jemanden kennenlernen und uns verlieben,
können wir uns nicht vorstellen, dass sich unsere
Wege eines Tages wieder trennen werden. Und
wenn wir jemanden zum ersten Mal küssen, ist
es für uns unvorstellbar, dass wir ihn eines Tages
zum letzten Mal küssen werden.

– Speak Now World Tour Live, **21. November 2011**

MEIN LEBEN WIRD von vielen Regeln bestimmt, aber in der Liebe akzeptiere ich keine Regeln.

– The Jonathan Ross Show, 6. Oktober 2012

ICH HALTE MICH eigentlich für recht klug, bis ich mich bis über beide Ohren verliebe, dann verhalte ich mich ziemlich dumm.

– Vogue, 16. Januar 2012

MEINE ERFAHRUNGEN MIT der Liebe waren oft schmerzvoll, vor allem bei sehr intensiven Beziehungen. Solche, bei denen du im Handumdrehen von null auf hundert beschleunigst und dann gegen die Wand fährst und explodierst. Es war schrecklich, lächerlich und zum Verzweifeln. Aber auch aufregend. Wenn sich der Wirbel dann wieder gelegt hatte, wollte ich nichts davon missen.

– Red-Begleitheft, 22. Oktober 2012

ICH WAR NOCH nie in einer Beziehung gewesen, als ich meine ersten Alben machte. Alle Songs entsprangen meiner Fantasie, wie es sein könnte, und daraus, was ich aus Filmen, Büchern und anderen Songs wusste. Darin werden Liebesbeziehungen immer als das Wundervollste beschrieben, das dir je passieren kann. Aber als ich mich dann selbst verliebte, oder glaubte, es zu sein, erlebte ich Enttäuschungen. Danach wusste ich, dass Beziehungen nicht immer einen glücklichen Verlauf nehmen. Es gibt nicht immer ein Happy End, bei dem du zu zweit in den Sonnenuntergang reitest, weil die Kamera des Lebens immer weiterläuft.

– *Elle*, 7. Mai 2015

WENN DU IM Laufe der Jahre Erfahrungen gesammelt hast und einige Male enttäuscht wurdest, siehst du alles irgendwie realistischer. Es ist nicht mehr so, dass du jemanden triffst und sofort glaubst, er sei für immer und ewig der einzig Richtige! So denke ich nicht mehr über die Liebe, sondern betrachte sie eher abgeklärt und erwarte nicht zu viel. Wenn ich heute jemanden kennenlerne und es zwischen uns funkt, ist mein erster Gedanke: »Ich hoffe, wenn alles vorbei ist, denkst du noch gut über mich.«

– »Wildest Dreams«-Kommentar, *1989* (Big Machine Radio Release Special), 13. Dezember 2018

WENN DU DABEI etwas empfunden hast, war es das wert und hatte einen Sinn. Wenn ich über glückliche Beziehungen singe, aber die Person schon längst aus den Augen verloren habe, fühle ich mich trotzdem glücklich. Es ist so, als ob du auf diese Weise feiern willst, dass es die Beziehung überhaupt gab!

– *VH1 Storytellers*, 11. November 2012

WIRST DU SITZEN gelassen, kannst du darüber ein paar Songs schreiben; bricht dir jemand das Herz, brauchst du mehrere Alben.

– *Elle*, 4. März 2010

WENN DU WIRKLICH todunglücklich bist, denkst du nicht: »Okay, das hat sicher auch sein Gutes.« Du willst dann einfach nur fünf Jahre im Bett bleiben und nur noch Eis essen. Und ich wüsste auch nicht, dass ich mich jemals über eine gescheiterte Beziehung gefreut hätte, weil ich dann neues Material für einen Song hatte. Aber irgendwie lief es immer darauf hinaus!

– Elvis Duran and the Morning Show, 22. Juli 2011

DU KANNST DIE sinnloseste Beziehung geführt haben, aber wenn du einen großartigen Song darüber schreibst, war es das wert.

– DigitalRodeo-Video, 15. April 2009

ICH HÖRTE SPÄTER von dem Typen, um den es in den meisten Songs von *Red* geht. Er sagte: »Ich habe gerade das Album gehört. Es war, wie in einem Fotoalbum zu blättern, und es hat bittersüße Erinnerungen geweckt.« Das fand ich nett, besser auf jeden Fall als das Geschimpfe in den Mails von diesem anderen Kerl. Es ist ein reiferer Umgang mit einer Liebesbeziehung, die einmal wunderschön war, bevor sie schiefging und beide verletzte – nur, dass einer der beiden Songs schreibt.

– *New York*, 25. November 2013

MEINE FREUNDINNEN UND mich quält der Gedanke, dass uns [einige Typen] verändert haben. Du blickst zurück und denkst: In der Beziehung habe ich nur noch Schwarz getragen. Oder ich habe plötzlich ganz anders geredet. Oder ich habe angefangen, mich wie ein Hipster zu verhalten. Oder ich habe meine Freundinnen und Freunde und meine Familie nicht mehr gesehen, weil er das so wollte. Das sind keine schönen Einsichten.

– *Guardian*, 18. Oktober 2012

IN DEM SONG [»We Are Never Ever Getting Back Together«] wirkt die Trennung fast wie eine Party. Es gibt viele Arten, wie eine Trennung ablaufen kann. Eine davon ist: »Yeah! Lass uns feiern! Endlich ist es vorbei!«

– *Extra*, 23. Oktober 2012

IN MEINEN FRÜHEREN Alben [vor *1989*] lief es ungefähr immer so: »Ich habe richtig gehandelt, du falsch. Durch dein Verhalten habe ich mich mies gefühlt.« Das war ziemlich rechthaberisch, als ob es in einer Beziehung immer Richtig und Falsch gibt. Aber wenn du erwachsen wirst, merkst du, dass es in Beziehungen viele Grauzonen gibt und Dinge schnell kompliziert werden. Dann kann man häufig nicht mehr eindeutig sagen, wer richtig und wer falsch gehandelt hat.

– *On Air with Ryan Seacrest*, 31. Oktober 2014

IN DEN LETZTEN Jahren hieß es über mich oft, ich hätte ständig Dates, würde mit meinen Partnern um die Welt jetten, und alles wäre wunderbar, bis ich mich irgendwann hysterisch und besitzergreifend verhalten und alle in die Flucht schlagen würde. Danach wäre ich am Boden zerstört und würde aus Rache Songs schreiben, weil ich psychisch krank sei. Aber wenn ich wirklich so gewesen sein sollte, dann ist das doch eigentlich ein ausgesprochen vielschichtiger und interessanter Charakter und eine spannende Perspektive fürs Songwriting, oder? ... Auch wenn ich mich jetzt selbst darüber lustig mache, heißt das nicht, dass es lustig ist, wenn andere mich unfair beschimpfen.

– Über »Blank Space«, *The Morning Show*,
29. Dezember 2014

ANMERKUNG: Die Medien haben sich oft mehr mit Taylor Swifts Dates beschäftigt als mit ihrer Musik. In ihrem Song »Blank Space« reagiert sie darauf und macht sich über die Person lustig, als die sie in den Medien oft dargestellt wird.

IMMER WIEDER SCHREIBEN die Klatschzeitungen frei erfundenes Zeug über mich: »Sie klammert zu sehr!« oder »Sie ist zu emotional und verschreckt damit jeden!« Doch der wahre Grund für meine Trennungen waren die Medien. Wenn du jemanden kennenlernst, ist das zunächst eine sehr zerbrechliche Sache. Und dann hast du das Gefühl, dass du mit jemandem, den du kaum kennst, wie zum Kampf gegen Gladiatoren eine Arena betrittst.

– *Glamour* UK, 24. April 2015

ICH HASSTE DEN ganzen sexistischen Tratsch über mich und meine Dates. Am Ende traf ich mich mit niemandem mehr, denn es war mir wichtig, klarzustellen, dass ich nicht ständig jemanden um mich haben muss, der mich zu großartigen Songs inspiriert und meinem Leben einen Sinn gibt. Ich komme auch allein sehr gut klar.

– *Esquire*, 20. Oktober 2014

WENN ICH SAGE, dass es mir großartig geht, dann
ist interessanterweise das Erste, was die Leute
zu mir sagen: »Mach dir keine Sorgen! Du findest
schon noch jemanden.«

– The Sun, 27. Oktober 2014

WENN MICH JEMAND gar nicht näher kennenlernen will, sondern damit zufrieden ist, dass er
ein vorgefertigtes Bild von mir hat und meine
Wikipedia-Seite kennt? Wenn er sich in mich
verliebt, ohne mich jemals persönlich getroffen
zu haben? Es sollte jedem klar sein, dass das nicht
funktionieren kann. Du kannst dich nicht in eine
Google-Suche verlieben!

– Vogue, 16. Januar 2012

WENN ICH JEMANDEN kennenlerne, achte ich darauf, ob er voller Leidenschaft Ziele verfolgt, die ich respektiere, zum Beispiel seine Karriere. Ich finde es sehr attraktiv, wenn jemand liebt, was er tut. Zu meiner Schulzeit hielt ich einen Jungen für unheimlich cool, wenn er ein tolles Auto fuhr. Heute zählen für mich nur noch ein guter Charakter, Ehrlichkeit und Vertrauen.

– *Glamour*, 5. Oktober 2010

ICH GLAUBE NICHT, dass es die perfekte Liebesbeziehung gibt. Wenn du lang mit jemandem zusammen bist, dann musst du bereit sein, vieles zu ertragen und viel zu tun, damit die Beziehung hält. Dabei geht es nicht immer zu wie im Märchen, wo dir dein Prinz jeden Wunsch von den Augen abliest. Aber er sollte dir schon am Ende eines anstrengenden Tages zuhören und wie ein guter Kamerad für dich da sein.

– *Elvis Duran and the Morning Show*, 22. Juli 2011

WAHRE LIEBE IST mehr als nur ein Gefühlschaos in deinem Kopf. Wahre Liebe ist einfach da. Wahre Liebe ist von Dauer. Wahre Liebe lässt sich Zeit zu wachsen.

– Vogue, **14. April 2016**

Teil II

WELTWEITER RUHM

Blank Space: Taylors musikalische Entwicklung

SONGWRITING STAND BEI mir immer an erster Stelle ... Würde ich nicht schreiben, würde ich auch nicht singen.

– *CBS This Morning*, 29. Oktober 2014

MUSIK IST DIE einzige Sache, die mir immer steht, wie das kleine Schwarze, das du jedes Mal trägst, wenn du ausgehst. Andere Dinge passen in bestimmten Jahreszeiten zu mir, die Musik das ganze Jahr über.

– *Esquire*, 20. Oktober 2014

ICH WOLLTE MEHR als nur ein weiteres singendes Girlie sein. Ich wollte etwas, das einen Unterschied macht. Und ich wusste, es war das Songwriting.

– *Entertainment Weekly*, 25. Juli 2007

DAS SCHREIBEN DER Songs war die wichtigste Säule meiner Karriere, aber auch immer die wichtigste Stütze meiner seelischen Gesundheit.

– **Time 100 Gala**, 23. April 2019

ALS ICH ZWÖLF Jahre alt war und anfing, Songs zu schreiben, hatte ich noch keinerlei Beziehungserfahrung! Ich hatte nur die Filmszenen vor Augen, wenn das Liebespaar im Regen steht und das Mädchen denkt, der Typ würde auf die andere stehen, obwohl er eigentlich schon die ganze Zeit nur für sie Gefühle hat und sie anhimmelt. Solche Momente versuche ich, auf Songs zu übertragen. Sie sind einem aus Filmen vertraut, und sie sind sehr emotional.

– *VH1 Storytellers*, 11. November 2012

ES IST NICHT ... Herzschmerz, der mich zu meinen Songs inspiriert. Auch nicht die Liebe. Es sind bestimmte Menschen, die in mein Leben getreten sind. Ich hatte wirklich tiefe Beziehungen zu Typen, die mir viel bedeutet haben, aber über die ich aus irgendeinem Grund keinen Song aufs Papier brachte. Dann wiederum triffst du jemanden, der für zwei Wochen in dein Leben tritt, und du schreibst ein ganzes Album über ihn.

– All Things Considered, 2. November 2012

ICH LIEBE ES, zu schreiben, weil ich es liebe, Erinnerungen zu verewigen: als ob man ein Gefühl, das man hatte, in einem Bilderrahmen festhält.

– Elle UK, 28. Februar 2019

FÜR MICH WAR das Schreiben immer eine Art schützender Panzer, was komisch ist, denn ... du machst dich ja normalerweise eher angreifbar, wenn du über dein Leben schreibst. Ich glaube aber, dass das Schreiben mir die Möglichkeit gibt, persönliche Erlebnisse zu verarbeiten, ob sie nun gut oder schlecht waren. Ich mag es einfach, den guten Zeiten Anerkennung zu geben und die schlechten abzuhaken, indem ich darüber schreibe.

– Time 100 Gala, 23. April 2019

MEIN RAT AN junge Songwriterinnen und Songwriter lautet, dass du die Person kennen solltest, über die du schreibst. Und dann verfasst du einen Brief an diese Person, in dem du alles sagst, was du ihr gern sagen würdest. Denn, ehrlich, ich höre Musik, weil sie meine Gefühle viel besser ausdrückt, als ich es in bestimmten Situationen nur mit Worten könnte.

– Live-Chat mit Fans, 20. Juli 2010

ICH DACHTE FRÜHER mal, dass es der Beziehung zu Menschen guttut, wenn du nicht zu sehr in Details gehst. Aber heute glaube ich, das stimmt nicht, denn je mehr du andere an allem teilhaben lässt, desto mehr fühlen sie sich selbst als Teil einer gemeinsamen Sache.

– *Extra*, 15. Februar 2012

ICH GLAUBE, IN diesen Zeiten suchen die Menschen in der Musik, die sie hören, nach etwas Verbindendem und Trost. Wir mögen es, wenn jemand sich uns anvertraut und sagt: »Das habe ich durchgestanden.« Wir nehmen das als Beweis dafür, dass auch wir unsere Probleme bewältigen können.

Wir wollen KEINE Popmusik, die allgemein bleibt. Viele Musikfans schätzen biografische Einblicke in die Welt des Songwriters oder der Songwriterin: ein kleines Guckloch in der emotionalen Schutzmauer, die wir um uns errichten, um zu überleben.

– *Elle* UK, 28. Februar 2019

ES BEGINNT IMMER mit einer Idee. Diese Idee ist entweder ein Teil einer Melodie, verbunden mit einem Text, oder auch eine Hookline. Es kann die erste Zeile eines Songs sein, aber auch der Teil eines Backgroundgesangs oder noch etwas anderes. Auf jeden Fall ist es wie das erste Teil eines Puzzles. Und mein Job ist es, die übrigen Teile anzufügen und herauszufinden, was dabei herauskommt.

– *All Things Considered*, 2. November 2012

ANMERKUNG: Die Hookline eines Songs ist oft der Titel oder eine andere Textzeile, die wiederholt im Song vorkommt, meistens als Teil des Refrains. Diese wiederkehrenden Teile der Melodie und des Textes machen den Song einprägsam und einzigartig.

KREATIVITÄT BEWEIST DU, wenn du dich von einem Geistesblitz inspirieren lässt und dann die Disziplin hast, dich an den Schreibtisch zu setzen und alles aufzuschreiben.

– *Vogue*, »73 Questions with Taylor Swift«, 19. April 2016

Es gibt unerklärliche, magische Momente, in denen dir eine bereits komplett entwickelte Idee durch den Kopf schießt. Das ist dann der Ausgangspunkt für alles weitere. Später kann es auf verschiedenen Ebenen kompliziert werden, aber das Songwriting ist immer noch so unkompliziert wie mit zwölf Jahren in meinem Jugendzimmer.

– Harper's Bazaar, 10. Juli 2018

Ideen kommen mir oft ganz plötzlich, und ich muss sie dann schnell festhalten, ob mit dem Smartphone oder auf einem Zettel. Als ich mal einen Flughafen durchquerte und einen Geistesblitz hatte, brauchte ich etwas, um ihn aufzuschreiben. Ich wusste, dass es auf der Toilette Papierhandtücher gibt. Also rannte ich in den Waschraum, begann dort zu schreiben und kehrte dann zurück. Erst als der Song fertig war, wurde mir klar, dass ich in die Männertoilette gerannt war.

– The Jay Leno Show, 4. Dezember 2009

DIE MEISTEN IDEEN kommen mir kurz vor dem Schlafengehen, denn nach dem Aufstehen denke ich den ganzen Tag über bis zum Abend pausenlos über verschiedenste Dinge nach. Ich überlege, was tagsüber zu erledigen ist, oder mache mir Gedanken über Entscheidungen, die ich treffen muss, und über ihre Auswirkungen. Bevor ich ins Bett gehe, habe ich dann endlich Zeit, neuen Ideen nachzugehen.

– Digital Rodeo Video, 15. April 2009

WENN ICH AN einem Album arbeite, freut sich die eine Hälfte meines Gehirns: »Ist das geil!« Währenddessen ist die andere Hälfte damit beschäftigt, Zweifel zu säen: »Was werden Leute, die dich hassen, über diesen Song sagen? Werden auch sie ihn mögen? Du musst einen Song schreiben, der so gut ist, dass sogar die Leute ihn nicht aus dem Kopf bekommen, die dich hassen.«

– Während des Cover-Shootings für die *Vogue* Australia, 18. Oktober 2015

ICH DENKE, WENN ich *Speak Now* eine Farbe zuordnen müsste, wäre es Lila. Die ... Ehrlichkeit und Wahrheit dieses Albums wirkten auf mich irgendwie lila. *Fearless* ist für mich golden, weil es das erste Mal war, dass meine Musik außerhalb von Amerika wahrgenommen wurde, was für mich wie ein Goldrausch von etwas ganz Neuem war. Mein erstes Album verbinde ich mit der Farbe Blau.

– **Universal Music Korea Video, 23. Oktober 2012**

ANMERKUNG: Viele Fans bringen Taylor Swifts erstes Album heute eher mit Grün als mit Blau in Verbindung, vermutlich weil das Werbematerial für ihr Album *1989* hellblau und für das Album *Midnights* dunkelblau war. Auch die offiziellen Fanartikel der *Eras*-Tour kennzeichnen Taylor Swifts Karriereanfang mit der Farbe Grün.

VIELE LEUTE SAGTEN: »Unmöglich, dass dieses erst 18-jährige Mädchen beim Schreiben der Songs eine ernsthafte Rolle gespielt hat!« Mich hat das tief verletzt, weil es keine Möglichkeit gab, das Gegenteil zu beweisen – außer das nächste Album komplett selbst zu schreiben. Also zog ich mich zurück und machte mich an die Arbeit für *Speak Now*. Darauf ist nicht ein Song, der nicht komplett von mir stammt.

– Taylor Swift – Road to Reputation, 28. September 2018

DIESER GRAMMY FÜR meinen Song »Mean« bedeutet mir sehr viel. Es gibt kein besseres Gefühl, als einen Song über jemanden zu schreiben, der sehr gemein zu dir war, dich nicht ausstehen kann und dir das Leben richtig schwer gemacht hat – und dann gewinnst du einen Grammy dafür!

– 54. Annual Grammy Awards, 12. Februar 2012

ANMERKUNG: Bei den Grammy Awards 2010 performte Taylor Swift gemeinsam mit der Singer-Songwriterin Stevie Nicks und wurde kritisiert, sie habe falsch gesungen, was Swift mit Lampenfieber begründete. Die gnadenlosen Worte eines Kritikers inspirierten sie dazu, den Song »Mean« zu schreiben.

ICH BIN ES gewohnt, in eine Schublade gesteckt zu werden. Seit meinem ersten Album heißt es entweder, »das ist zu rockig«, oder aber, »das ist zu poppig«. Dass manche Leute meinen Song »Mean« zu countrymäßig fanden, war für mich lustig. Irgendwann kam ich dann zu der Einsicht, dass es mir egal ist, ob die Leute sagen, meine Musik sei zu sehr dies oder zu sehr das. Schlimm fände ich nur, wenn sie der Meinung wären, meine Songs würden alle gleich klingen.

– *VH1 Storytellers*, 11. November 2012

ALS *RED* HERAUSKAM, befand ich mich in der Phase der Countrymusic. Und die Ideen kamen mir auf dieselbe Art und Weise wie sonst auch. Dann, einige Monate später, gingen mir plötzlich Popmelodien durch den Kopf. Sie ließen mich nicht mehr los, und ich griff sie daher auf.

– *Taylor Swift – Road to* Reputation, 28. September 2018

ICH LIEBE DIE Farbe Rot für den Titel des Albums.
Mit Rot veranschaulichst du immer unheimlich
intensive Emotionen: auf der einen Seite Leidenschaft und Liebe, heimliche Affären, Abenteuer
und Kühnheit, auf der anderen Seite Gefühle wie
Wut, Eifersucht, Frust und tiefe Enttäuschung.

– MTV News UK, 6. Oktober 2012

ICH MAG EINE ausgewogene Mischung aus heite-
ren Songs, Trennungssongs, sentimentalen Songs,
Ich-vermisse dich-Songs und wütenden Songs.
Ich möchte nicht immer auf derselben Emotion
herumreiten, denn mit einem nur »wütenden«
Album vergrault man viele Fans.

– Elle, 15. Juni 2009

UNSER ALLTAGSLEBEN WIRD allzu oft von düsteren Stimmungen überschattet. Wir müssen herausfinden, wie wir bedrückende Gefühle überwinden und die Dinge in einem anderen Licht sehen können, um glücklich und zufrieden leben zu können. Wenn ich einen Song schreibe, verbinde ich eine schwermütige Message oft mit einem leichteren Beat oder einer fröhlicheren Melodie, um beides nebeneinanderzustellen. Ich mag es, wie sich ein solcher Kontrast anfühlt.

– *Big Morning Buzz Live*, 27. Oktober 2014

EIN BESONDERER REIZ beim Musikmachen liegt heute darin, dass alles möglich ist. Es ist einfach wild und unvorhersehbar: Pop klingt wie Hip-Hop, Country klingt wie Rock, Rock klingt wie Soul, und Folk klingt wie Country. Für mich ist das ein echter Fortschritt, denn ich will Musik machen, die alle Einflüsse auf mich widerspiegelt. In den kommenden Jahrzehnten werden die Stilrichtungen bei der Karriereplanung eine immer geringere Rolle spielen.

– Wall Street Journal, 7. Juli 2014

WIR MACHEN NICHT Musik, um möglichst viele Preise zu gewinnen, aber wenn du dich weiterentwickeln willst, brauchst du irgendwelche Anreize. Gehst du bei einer Preisverleihung leer aus, kannst du natürlich sagen: »Die haben einfach keine Ahnung und die Falschen ausgewählt.« Oder du denkst: »Ich werde auf die Bühne gehen und dem Gewinner das Mikro aus der Hand reißen.« Es gibt auch noch eine dritte Möglichkeit: »Vielleicht haben sie recht und es war nicht das Album meines Lebens. Vielleicht kann ich noch daran arbeiten, dass meine Alben vom Sound her stimmiger sind. Und ich sollte darüber nachdenken, ob ich auf das Musiklabel höre und wie das meine Kunst beeinflusst.«

– **Grammy Listening Sessions, 9. Oktober 2015**

ANMERKUNG: »Vom Sound her stimmig« bedeutet, dass alle Songs eines Albums zusammenpassen und einen ähnlichen Stil haben. Das Album *Red* wurde dafür kritisiert, in diesem Sinne nicht stimmig zu sein, weil es als Countryalbum gedacht war, aber viele popähnliche Melodien aufweist.

WENN DU EINEM Trend hinterherjagst, kann er in dem Augenblick, in dem du dein Album herausbringst, schon wieder vorbei sein, und es kann sich gerade etwas Neues wie eine Welle aufbauen. Ich möchte viel lieber Teil einer neuen Welle sein und etwas Neues erschaffen, als nur nachzumachen, was alle anderen gerade tun.

– KISS FM UK, 9. Oktober 2014

Es gibt einen Fehler, den ich bei manchen Künstlerinnen und Künstlern sehe, wenn sie ihr viertes oder fünftes Album herausbringen. Dann denken sie oft, unbedingt etwas Neues zu machen, sei wichtiger als solides Songwriting. Die größte Enttäuschung für mich ist, wenn ich einen Song höre und so etwas bemerke – etwa bei einem Dance-Teil an der falschen Stelle oder einem Rap-Part, der besser nicht da sein sollte. Es kann ein Beatwechsel sein, der das coolste Ding der letzten sechs Monate ist, aber er ist fehl am Platz, wenn er nicht zum Text passt oder zum Gefühl, das der Song vermittelt.

– New York, 25. November 2013

ICH MAG ES, die mir gesetzten Grenzen auszureizen. Was ich nicht mag, ist das Gefühl, musikalisch unfrei zu sein. Wenn du beim Spielen nicht verschiedene Instrumente benutzt oder beim Malen verschiedene Farben, dann triffst du damit die Entscheidung, dich nicht weiterzuentwickeln, sondern immer der- oder dieselbe zu bleiben.

– *VH1 Storytellers*, 11. November 2012

ES FÜHLT SICH fantastisch an, so viel Einfluss auf meine musikalische Karriere zu haben und so viel kreative Freiheit bei der Gestaltung eines Albums: wie es klingt und welche Songs darauf landen. Ich bin sehr glücklich darüber, dass all diese Entscheidungen ganz bei mir liegen.

– Mix 93.3, 26. Oktober 2012

ICH NEHME MIR gern zwei Jahre Zeit für ein Album, um im ersten Jahr viel experimentieren zu können. Ich probiere gern alle möglichen Dinge aus und schreibe die verschiedensten Arten von Songs. Nach einer Weile fängst du dann automatisch an, dich in eine bestimmte Richtung zu bewegen. Genau das passierte mir mit *1989*, und die Stilrichtung, die mich immer stärker in ihren Bann zog, war eine Art 80er-Jahre-Synthie-Pop.

– BBC Radio 1, 9. Oktober 2014

ANMERKUNG: Synthie-Pop war in den 1980er-Jahren ein populärer Musikstil, bei dem Synthesizer und elektronische Musikinstrumente, die oft wie Elektro-Keyboards aussehen, eine zentrale Rolle spielen und typische Soundmuster erzeugen.

ALS ICH WUSSTE, dass das Album produktionsreif ist, ging ich zu Scott Borchetta. »Ich muss ehrlich zu dir sein: Es ist kein Countryalbum geworden, nicht mal annähernd!« Natürlich versetzte ihn das in Panik und löste alle möglichen Reaktionen aus – von Flehen bis zur Totalverweigerung. »Kannst du mir nicht wenigstens drei Countrysongs geben? Können wir eine Fiedel in ›Shake it off‹ einbauen?« Meine Antwort war stets ein klares »Nein«, weil es sich unaufrichtig anfühlte, zwei verschiedene Stilrichtungen in dieses Album zu pressen.

– *Billboard*, 5. Dezember 2014

Wovor meine Fans Angst hatten, war, dass ich nur noch Popsongs mit langweiligen und gefühllosen Texten machen würde. Aber als sie das neue Album hörten, merkten sie sofort, dass diese Sorge unbegründet war.

– »Barbara Walters Presents: The 10 Most Fascinating People of 2014«, 15. Dezember 2014

Jemand sagte mir einmal, dass man einen Menschen erst richtig kennenlernt, wenn man ihm etwas sagt, was er nicht gern hört … So ging es mir bei euch Countrymusic-Fans, als ich ankündigte, ein Popalbum gemacht zu haben, um andere Stilrichtungen auszuprobieren, und ihr das wohlwollend und gelassen hingenommen habt.

– 50th Annual Academy of Country Music Awards, 19. April 2015

WAS ICH AN der Countrymusic so liebe und immer lieben werde, ist, dass sie sich perfekt dazu eignet, Geschichten zu erzählen. Du fängst mit einer Story an, dann erzählst du den zweiten Teil, und am Ende des Songs setzt du den Schlusspunkt der lyrischen Reise. An diesem Konzept wird sich bei meinem Songwriting nie etwas ändern.

– Tout le monde en parle, 28. September 2014

BEI POPMUSIK KANNST du auf verschiedene Weise Hooks einbauen, was ich früher noch nicht draufhatte, aber jetzt für mich als Songwriterin äußerst spannend ist. Ob du schreist, sprichst oder flüsterst: Wenn du es clever anstellst, hast du eine tolle Hook!

– Billboard, 24. Oktober 2014

DEN SONG »LOVE Story« schrieb ich, als ich 17 war, und ich werde ihn singen, solange ich Konzerte gebe. Denn er ist noch immer ein Teil von mir, und es berührt mich noch heute, wenn Fans erzählen, dass sie zu dem Song zum Traualtar geschritten sind, oder wenn ich daran denke, dass es mein erster Welthit war. Zu »Tim McGraw« habe ich nicht mehr ein so inniges, sondern eher ein nostalgisches Verhältnis. In dem Song geht es um die erste große Liebe. Doch heute sieht mein Leben völlig anders aus, und ich kann jedem nur wünschen, dass er in reiferem Alter nicht mehr dasselbe naive Verständnis von Liebe hat, das er mit 15 hatte.

– All Things Considered, 31. Oktober 2014

ALBEN SIND FÜR mich eine Art Statement. Ich mag es, wenn sie vom Sound, von der Aufmachung und von ihrem emotionalen Charakter her einen eindeutigen Fingerabdruck hinterlassen. Dieses Mal [bei *1989*] ließ ich meinen Gefühlen freien Lauf. Ich wollte ein Popalbum machen, und das wurde es. Ich wollte ehrlich und kompromisslos sein, und das war ich. Es zog mich irgendwie nach New York, also ging ich dorthin. Mir war nach kurzen Haaren, und so ließ ich sie mir schneiden. All diese Dinge tat ich, einfach weil ich es wollte!

– Billboard, 24. Oktober 2014

[BEI DEM ALBUM *Reputation*] hingegen dreht es sich darum, was die anderen von einem halten. Es gab Augenblicke, da war ich wütend über das öffentliche Bild von mir, und andere, wo ich dachte: »Was kümmert es mich, was die Leute über mich sagen? Ist mir doch egal!« Es gab aber auch Momente der Verunsicherung: »Mein Gott! Was ist, wenn die öffentliche Meinung über mich Leute abschreckt, die mir wichtig sind?«

– Taylor Swift NOW secret show, 28. Juni 2018

»ME!« IST EIN Song, der die eigene Individualität und das Anderssein feiert. Mit einem Popsong kannst du einen echten Ohrwurm kreieren, den man nicht mehr loswird. Der Song sollte die Leute dazu bringen, sich nicht schlechtzumachen, sondern besser von sich selbst zu denken!

– NFL Draft 2019, 25. April 2019

ALS ICH MICH einsam fühlte, schuf meine Fantasie dieses Album [*Folklore*]: eine Sammlung von Songs und Geschichten, die sich wie ein Bewusstseinsstrom ergossen. Mit dem Stift in der Hand flüchtete ich mich in meine Fantasie, in Vergangenes und in Erinnerungen. Ich erzählte diese Geschichten mit all der Liebe, dem Staunen und den Absonderlichkeiten, die dazugehören.

– Instagram-Post, 23. Juli 2020

ANMERKUNG: Der Begriff Bewusstseinsstrom beschreibt eine Erzähltechnik, die den Vorgang nachahmt, wenn das menschliche Gehirn oft ohne klaren logischen Zusammenhang von einem Gedanken zum nächsten springt.

PLÖTZLICH ERSCHLOSSEN SICH mir ganz neue kreative Möglichkeiten. Ich war an einem Punkt angelangt, an dem ich nur noch Songs schrieb, die Tagebucheinträgen glichen und nicht nach vorn schauten. Aber nach der Veröffentlichung von *Folklore* dachte ich: »Wow, die Leute mögen offenbar auch diesen neuen Stil, der sich wirklich gut für mein Leben und meine Kreativität anfühlt ... und es fühlt sich auch für sie gut an!«

– **Apple Music, 15. Dezember 2020**

EINFACH AUSGEDRÜCKT, KONNTEN wir nicht aufhören, weitere Songs zu schreiben. Etwas poetischer ausgedrückt, standen wir am Rande des *Folklore*-Waldes vor der Wahl, umzukehren oder den neu eingeschlagenen musikalischen Weg weiterzugehen. ... Früher habe ich ein Album immer als etwas Abgeschlossenes angesehen und nach der Veröffentlichung bereits das nächste geplant. Das war bei *Folklore* anders. Es fühlte sich weniger wie ein baldiger Abschied an, sondern eher wie eine Rückkehr. Ich liebte die Möglichkeit der Flucht in diese teils erfundenen, teils wahren Erzählungen. Und ich war froh, dass euch diese Traumlandschaften, Tragödien und fantasievollen Erzählungen gefallen. Deshalb mache ich so weiter.

– Instagram-Post, 10. Dezember 2020

[*MIDNIGHTS*] IST EIN bisschen düster, aber ich hatte bei der Arbeit daran mehr Freude als bei jedem anderen Album. Ich glaube auch nicht, dass Kunst und Leid immer Hand in Hand gehen müssen. Auch wenn ich Songs über Schmerz, Leid und Verlust schreibe, fühlt es sich mittlerweile nach den vielen Alben, die ich herausgebracht habe, so an, als ob du bei einem Schlangenbiss die Wunde aussaugst, um das Gift herauszukriegen.

– The Tonight Show Starring Jimmy Fallon,
24. Oktober 2022

Long Live:

Taylors

Fans – ihre

größte Liebe

ALS ICH NOCH jünger war und die Songs zu Hause in meinem Zimmer schrieb, war meine größte Sorge, dass sie vielleicht niemand jemals hören würde. Ich kann meinen Fans nicht genug dafür danken, dass sie mir diese Furcht genommen haben.

– CMT Artists of the Year 2010, 3. Dezember 2010

DU MAGST EINEN schlechten Tag gehabt haben, aber wenn du dann die Bühne betrittst und hörst den Jubel von 20 000 Leuten, denkst du nur noch: »So schlecht ist der Tag gar nicht. Jetzt ist alles okay!«

– 94.9 The Bull, 20. Juni 2011

DER UNTERSCHIED ZWISCHEN einer Singer-Song-writerin und einer Interpretin besteht darin, dass Erstere für sich selbst singt und Letztere für das Publikum.

– *The Voice*, 3. November 2014

ICH DACHTE ZUERST, ich schreibe einfach nur
über mein Leben. Es war mir gar nicht bewusst,
dass meine Songs nach ihrer Veröffentlichung in
den Zimmern anderer Mädchen und im Auto von
Leuten gehört wurden, denen ich nie begegnet bin.
Aber so war es. ... Als Menschen sehnen wir uns
alle danach, nicht allein dazustehen, sondern uns
mit anderen auszutauschen. Musik eignet sich
dazu perfekt. Wenn niemand da ist, mit dem du
reden kannst, hör dir einen Song an, und du weißt,
dass jemand anderer dasselbe durchgemacht hat
wie du, und du fühlst dich nicht mehr allein.

– Kommentar zu ihrem Song »Invisible«, *Taylor Swift* (Big
Machine Radio Release Special), 13. Dezember 2018

DIE LEUTE REDEN immer über Ehen und Beziehungen. Man müsse darin viel investieren und den anderen immer wieder überraschen ... Meine innigste Beziehung habe ich zu meinen Fans. Und ja, ich investiere eine Menge Arbeit in meinen Kontakt zu ihnen und mache mir viele Gedanken darüber, wie ich die Fans immer wieder erfreuen und überraschen kann. Ich kann nicht davon ausgehen, dass ihnen – nur weil sie mein letztes Album toll fanden – auch jedes neue wieder gefällt. Aber ich kann auch nicht jedes neue Album genau wie das vorherige machen oder einfach darauf hoffen, dass mir die Sympathie der Fans immer erhalten bleibt. Damit eine innige Beziehung weiterbesteht, muss man sie schon gut pflegen.

– Yahoo!, 6. November 2014

WENN ICH MEINE Fans treffe, sind das keine Fremden für mich. Es ist etwa so, als ob man Bekannte begrüßt, mit denen man auf einer Wellenlänge ist.

– »CMA Music Festival: Country's Night to Rock«-
Pressekonferenz, 9. August 2011

DIE BEZIEHUNG ZU meinen Fans ist sehr freundschaftlich. Es ist ein bisschen so, als ob ich die große Schwester wäre. Oder wie bei Gleichaltrigen: Hey, als mein erstes Album rauskam, waren wir beide 16 und sind zur selben Zeit erwachsen geworden.

– *New York*, 25. November 2013

EIN KURZES MEET-AND-GREET mit 150 Fans mag vielen von euch wie eine reine Pflichtveranstaltung erscheinen. Aber ihr wärt überrascht. Um ein sinnvolles Gespräch zu führen, braucht man keine ganze Stunde. Wenn man solche kurzen Treffen selbst noch nie erlebt hat, mögen sie einem verrückt erscheinen. Aber nach zehn Jahren Erfahrung weiß ich, dass solche kostbaren Momente des Glücks keine Selbstverständlichkeit sind.

– *GQ*, 15. Oktober 2015

ANMERKUNG: Viele Künstlerinnen und Künstler halten nach einem Auftritt ein sogenanntes Meet-and-Greet ab. Dabei treffen sie hinter der Bühne eine ausgewählte Gruppe von Fans, mit denen sie sich ein oder zwei Minuten lang unterhalten und ein gemeinsames Foto machen. Manchmal gewinnen Fans eine solche Einladung bei einem Wettbewerb oder zahlen dafür einen höheren Eintrittspreis.

WIR ZEIGEN GERN Leute unseren Dank, die in
der letzten Reihe stehen und keine Chance haben,
mir während der Show »Hallo« zu sagen. Auch
Fans, die Schilder gestalten, verkleidet kommen,
ihre T-Shirts selbst bedruckt haben und echt
Stimmung machen. Zur Belohnung laden wir diese
Fans nach dem Konzert zu einer Backstage-Party
ein.

– Daily Beast, 22. Oktober 2012

WAS MIR ZURZEIT zu schaffen macht, ist, dass
jeder im Publikum schon vor einem Konzert he-
rausbekommen kann, welche Kleidung ich tragen
und in welcher Reihenfolge ich meine Songs singen werde. Alles ist vorhersehbar. Deshalb begann
ich geplante Gastauftritte zu streichen und stattdessen Leute aus dem Publikum auf die Bühne
zu holen. Das ging viel leichter, als ich dachte. Ich
dränge und zwinge niemanden zu etwas. Die Leute
mögen es einfach, wenn das Publikum anfängt zu
kreischen, sobald sie die Bühne betreten. Das ist
für alle ein echt krasser Augenblick.

– The 1989 *World Tour Live*, 20. Dezember 2015

VOR EIN PAAR Monaten begann ich mit den soge-
nannten Secret Sessions, bevor mein Album *1989*
offiziell herauskam. Ich hatte sorgfältig Follower
auf Instagram, Tumblr und Twitter ausgewählt:
Leute, die mich treu unterstützen und immer wieder um ein Treffen gebeten hatten ... Dann lud ich
in jedes meiner Häuser in den USA und in mein
Hotel in London 89 Fans ein, denen ich das Album
vorspielte und die Geschichten erzählte, die hinter
den Songs stecken. Ich sagte ihnen, sie könnten
untereinander über alles reden, aber die Geheimnisse dieses Albums müssten anderen gegenüber
auch geheim bleiben.

– *All Things Considered*, 31. Oktober 2014

ANMERKUNG: Nach den Secret Sessions vor der
Veröffentlichung von *1989* führte Taylor Swift solche Geheim-
treffen mit ausgewählten Fans auch vor der Veröffentlichung von
Reputation und *Lover* durch. Durch die Covid-19-Pandemie kam
es aber bei *Folklore* und *Evermore* nicht mehr dazu.

WENN ICH FANS ein Geschenk machen will, schaue ich mir ihr Social-Media-Profil der letzten sechs Monate an. So finde ich heraus, was sie mögen oder ihnen gerade Sorgen macht. Fotografiert jemand gern? Dann schenke ich ihm eine Polaroidkamera aus den 1980er-Jahren. Steht jemand auf Vintagesachen? Dann gehe ich los und kaufe ein Paar Ohrringe aus den 1920er-Jahren ... Wenn du etwas über die einzelnen Personen weißt, kann ein kleines Geschenk etwas sehr Persönliches und Bedeutsames sein.

– Telegraph, 23. Mai 2015

MEINE FANS MACHEN sich gern über mich lustig, das finde ich echt cool. Sie posten all diese GIFs über mich, wo ich auf der Bühne stolpere oder falle. Indem sie humorvoll damit umgehen, erkenne ich: »Hey, du darfst nicht alles so ernst nehmen. Ärger dich nicht darüber und mach dich locker.«

– Telegraph, 23. Mai 2015

ALLES, WAS ICH tat, tat ich für [meine Fans]. Mir war nie wichtig, ständig in den Schlagzeilen zu stehen oder unbedingt auf jedem Magazincover zu erscheinen. Stattdessen dachte ich über neue Möglichkeiten nach, wie ich meine Fans erreichen konnte. Und die Beziehung zwischen ihnen und mir wurde mit dem Erscheinen von *Reputation* immer intensiver. Wenn ich heute an diese Zeit zurückdenke, dann war es eine der schönsten Phasen meines Lebens, und das macht die Freude an meinem engen Verhältnis zu den Fans noch größer.

– Beats 1, 1. Mai 2019

[DIE FANS] KAMEN wirklich nur schwer an Tickets. Die Show sollte länger sein, als alle erwarteten. Das gab mir einfach ein gutes Gefühl beim Verlassen der Bühne ... Egal ob ich krank oder verletzt bin, Liebeskummer habe, mich schlecht fühle oder gestresst bin: Ich trete in jedem Fall auf! So bin ich nun mal. Wenn jemand ein Ticket kauft, um mich zu sehen, dann findet die Show statt, sofern nicht wirklich eine unvorhersehbare Katastrophe eintritt!

– Während der *Eras*-Tour, *Time*, 6. Dezember 2023

ANMERKUNG: Die Shows der *Eras*-Tour dauern über drei Stunden und 15 Minuten, in denen 44 Songs (einige in gekürzter Fassung) gespielt werden. Zum Vergleich sang Taylor Swift auf der *Reputation*-Tour im Laufe von etwa zwei Stunden ungefähr 24 Songs.

Everything Has Changed: *der Umbruch in der Musik- industrie*

ICH BIN MIR bewusst, dass sich die Musikbranche gerade in einem Umbruch befindet. Ich stehe diesen Veränderungen offen gegenüber, denn ich bin offen für Fortschritt. Ich bin aber gegen das derzeitige Modell der Bezahlung. Allerdings denke ich, dass wir gemeinsam einen Kompromiss zwischen Technologie und Fairness finden werden.

– **Preisverleihung Billboard Women in Music,**
12. Dezember 2014

ANMERKUNG: Taylor Swift spricht hier über den Trend zum Streaming, wobei Alben von den Zuhörerinnen und Zuhörern nur noch gestreamt, aber nicht gekauft werden. Künstlerinnen und Künstler erhalten für jeden Stream nur sehr wenig Geld, meistens weniger als einen Cent.

MUSIK IST KUNST. Und Kunst ist wichtig und rar und deshalb sehr wertvoll. Meiner Meinung nach sollte Musik daher nicht kostenlos zur Verfügung stehen. Eines Tages werden die Künstlerinnen und Künstler mit ihren Labels den Preis eines Albums individuell festsetzen. Ich hoffe, dass sie sich und ihre Kunst dabei nicht zu gering einschätzen.

– *Wall Street Journal*, 7. Juli 2014

FÜR JEDEN, DER Musik machen will, für jedes
kleine Kind, das Klavierstunden nimmt, wünsche
ich mir eine Möglichkeit, damit öffentlich heraus-
zukommen.

— **Beats 1, 1. Dezember 2015**

ALLES NEUE – wie Spotify – kommt mir wie ein
großes Experiment vor. Aber ich bin nicht bereit,
mein Lebenswerk einem Experiment zu über-
lassen, das die Texter, Komponisten, Produzenten
und Künstler unfair entlohnt.

— **Yahoo!, 6. November 2014**

ICH HÄTTE NICHT gedacht, jemand würde sich
darüber aufregen [als ich mein Album *1989* nicht
für Spotify freigab], weil es für Künstlerinnen und
Künstler viele verschiedene Wege gibt, ihre Songs
zu vermarkten. Deshalb hat es mich völlig überrascht, wie viele SMS, E-Mails und Anrufe ich
von Kollegen und Produzenten erhielt, die mir für
meine Weigerung dankten.

— *Hollywood Reporter*, **17. Dezember 2014**

NATÜRLICH WISSEN SIE, dass ein neuer Abonnent bei Apple Music die ersten drei Monate den Service kostenlos nutzen kann. Ich bin mir aber nicht sicher, ob Sie alle wissen, dass Apple Music den Songschreibern, Produzenten und Künstlern in dieser Zeit nichts bezahlt. Das finde ich bei dieser ansonsten fortschrittlichen und großzügigen Firma wirklich schockierend, enttäuschend und völlig unangemessen.

– Brief an Apple Music, 21. Juni 2015

MEINE FREUNDINNEN UND Freunde hatten gerade die Verträge [mit Apple Music] erhalten. Einer von ihnen schickte mir einen Screenshot davon. Ich las »null Prozent Entschädigung für Rechteinhaber«. Manchmal wache ich mitten in der Nacht auf, fange an, einen Song zu schreiben, und kann nicht mehr einschlafen, bevor der Song fertig ist. So ging es mir auch bei dem Brief [an Apple Music].

– *Vanity Fair*, 11. August 2015

ANMERKUNG: Die von Taylor Swift erwähnten »Rechteinhaber« sind meistens die Songwriter und Songwriterinnen
sowie die Person oder die Firma, die den Song aufgenommen hat.
Beide erhalten geringe Entschädigungen, wenn ein Song gestreamt
wird. Mit der Zeile »null Prozent Entschädigung« kündigt Apple
Music jedoch an, den Rechteinhabern gar nichts zu bezahlen,
solange der Abonnent kostenlos Songs streamen kann. Nach
Taylor Swifts öffentlichem Brief stimmte Apple Music zu, die
Künstlerinnen und Künstler auch in dieser Zeit zu bezahlen.

ICH BIN IMMER sehr optimistisch gewesen, was
die Entwicklungen in der Musikindustrie angeht.
Und meine Fans haben bewiesen, dass sie durchaus bereit sind, ihr hart verdientes Geld auszu-
geben, um Musik hören zu können. Das war ein
unglaublich wichtiges Zeichen in dieser Zeit.

– *Good Morning America*, 11. November 2014

FRÜHER HABEN SICH die Leute um einen Platten-
spieler versammelt, um gemeinsam Musik zu
hören. Ich bin der Meinung, dass wir heute eine
Verantwortung dafür haben, Musik wieder zu
einem gemeinschaftlichen Erlebnis zu machen ...
Und ich finde es toll, dass es wieder viele Platten-
läden gibt, die dafür sorgen, dass die Leute nicht
nur Musik hören, sondern sich auch an frühere
Zeiten erinnern und mit ihren Freundinnen und
Freunden darüber austauschen.

– *The Kyle & Jackie O Show*, 29. April 2019

MEINE GENERATION WUCHS mit der Möglichkeit
auf, einfach durch die Kanäle zu zappen, wenn uns
ein Programm langweilte. Wir alle wollen ständig neu überrascht und in Begeisterung versetzt
werden. Ich hoffe, auch die kommende Künstler-
generation wird sich Gedanken darüber machen,
wie sie ihr Publikum fesseln kann, was heute oft
nicht einfach ist.

– *Wall Street Journal*, 7. Juli 2014

WAS DIE ZUKUNFT der Musikbranche angeht, halte ich es für äußerst wichtig, dass ich mit einem Plattenlabel auf Augenhöhe reden kann. Die neuen Möglichkeiten des Streamings motivieren mich durchaus ... aber ich bin mir auch sicher, dass der Erfolg der Streamingdienste vor allem auf dem Zauber der Musik beruht, die Künstler und Produzenten kreieren.

– Instagram-Post, 19. November 2018

FÜR MEINEN NEUEN Vertrag mit Universal handelte ich aus, dass Erlöse aus dem Verkauf von Anteilen am Streamingdienst Spotify an die Künstlerinnen und Künstler ausgeschüttet und nicht mit anderen Einnahmen verrechnet werden ... Dies ist ein Schritt zur Verbesserung der Situation der Kreativen – ein Ziel, das ich immer verfolgen werde.

– Instagram-Post, 19. November 2018

ANMERKUNG: Bei Plattenverträgen werden oft Vorschüsse vereinbart, die der Künstler oder die Künstlerin aber meist an das Label zurückzahlen muss, sobald mit den Songs und Alben Erlöse erzielt werden. Taylor Swift handelte mit Universal aus, dass bei einem Verkauf der Universal-Anteile an Spotify ein Teil der Einnahmen an die Künstlerinnen und Künstler ausgezahlt wird, ohne dass das Geld später zurückgefordert wird.

ICH VERSUCHTE ZEHN Jahre lang alles, um die Rechte an meinen Masteraufnahmen zu erwerben, die zum Verkauf angeboten wurden … Gott, ich hätte alles dafür gegeben! Alles, um die Rechte an meinen eigenen Songs zu erhalten. Aber diese Möglichkeit wurde mir verwehrt.

– über den Verkauf ihrer Masteraufnahmen an Scooter Braun, *Billboard*, 11. Dezember 2019

ANMERKUNG: Die Masteraufnahme eines Songs ist dessen Originalaufnahme. Die meisten Künstlerinnen und Künstler besitzen selbst nicht die Rechte an dieser Aufnahme, auch dann nicht, wenn sie den Song selbst geschrieben haben. Die Rechte an der Aufnahme gehören dem Plattenlabel, bis es diese an jemand anderen verkauft.

DIE NEUEINSPIELUNG DER Alben wird großen
Spaß machen, weil ich damit meine Freiheit und
etwas wiederbekomme, das mir gehört. Als ich
[diese Songs] schrieb, wusste ich nicht, welchen
Erfolg sie haben würden. Sie jetzt mit dem Wissen,
wie viel sie den Fans bedeuten, neu aufzunehmen,
ist eine wunderbare Möglichkeit, die Anerkennung der Fans zu feiern.

– Billboard, **11. Dezember 2019**

Call It What You Want: bewundert und beschimpft

DU DARFST NICHT alles von dem Hype glauben, den sie um einen veranstalten, und du darfst nicht alles glauben, wenn die Presse dich verreißt. Die Wahrheit liegt irgendwo in der Mitte.

– *Vanity Fair*, 11. August 2015

DU MUSST DEIN Leben komplett umstellen und die Dinge anders betrachten, wenn dich plötzlich jeder kennt. Wenn ich shoppen will, kann ich das nicht mehr so tun wie zu der Zeit, als mich niemand kannte. Jetzt brauche ich dafür die doppelte Zeit. Aber das macht mir nichts, denn ich wollte das alles so. Ich gehöre zu den glücklichen Menschen, die das Leben führen können, das sie sich immer gewünscht haben.

– *The Hot Desk*, Mai 2009

IN STADIEN AUFTRETEN ... oder einfach nur so herumspazieren ... ich würde immer wieder die Stadionauftritte wählen. Du musst dich für das eine oder das andere entscheiden. Beides geht nicht. Du kannst nicht dasitzen und sagen: »Ach, ich wünschte, ich könnte nur die schönen Dinge im Leben haben, ohne die Nachteile in Kauf nehmen zu müssen.« So läuft das nicht im Leben.

– NME, 9. Oktober 2015

WENN ICH DAS Bedürfnis habe, nicht ständig von Leuten angesprochen zu werden, dann gehe ich nicht aus. Das hängt davon ab, wie ich mich morgens fühle. Habe ich keine Lust, mich von jemandem fotografieren zu lassen, weil ich zu sehr mit meinem eigenen Kram beschäftigt bin? Lasse ich nachher meine schlechte Laune an einer arglosen 14-Jährigen aus? ... Okay, vielleicht bleibe ich heute besser zu Hause!

– Esquire, 20. Oktober 2014

ICH WEISS NICHT, ob ich Kinder haben werde. Es ist für mich einfach unmöglich, mir vorzustellen, wie ich sie davon überzeugen sollte, ein normales Leben führen zu können, während vom Tag ihrer Geburt an fremde Männer riesige Kameraobjektive auf sie richten.

– *InStyle*, November 2014

NATÜRLICH WEISS ICH, dass die Millionen von Menschen in ihrem Alltag nicht die Zeit haben, sich ein detailliertes Bild davon zu machen, wer ich bin. Die Leute haben genug mit ihrer Arbeit, ihren Kindern, Partnern und Freundschaften zu tun. Ihr Eindruck von mir wird sich auf zwei oder drei Schlagwörter beschränken. Das ist okay, solange diese Schlagwörter nicht *katastrophal, bescheuert* und *grauenhaft* lauten!

– *Esquire*, 20. Oktober 2014

DA HERRSCHT EIN gewisses Ungleichgewicht. All die Leute wissen etwas über dich und glauben, dich zu kennen. Sie wissen, wie deine Katzen heißen, und alles Mögliche. Aber wenn ich ihnen begegne, sehe ich sie zum ersten Mal.

– Beats 1, 13. Dezember 2015

ICH PRÄSENTIERE MEINEN Freundinnen und Freunden nicht nur meine Schokoladenseite. Sie wissen *alles* über mich, aber sie sind verschwiegen. [Und] jedes Mal, wenn ich in der Zeitung lese, »ein Vertrauter von Swift sagt das und das«, dann stimmt das einfach nicht.

– Vanity Fair, 11. August 2015

WAS BESSER IST als eine Verschwiegenheits-klausel? Wenn du jemandem in die Augen siehst und sagst: »Bitte sprich mit niemandem darüber!«

– Rolling Stone, 8. September 2014

ANMERKUNG: Eine Verschwiegenheitsklausel verpflichtet jemanden vertraglich, bestimmte Informationen an niemanden weiterzugeben.

Es GIBT VIELE Möglichkeiten, gegen falsche
Gerüchte vorzugehen. Wenn es heißt, du seist
schwanger, dann bleibst du einfach nicht schwanger. Und geht das Gerücht um, Freunde würden
dich hintergehen, dann muss jeder nur weiterhin
für den anderen da sein. Wenn wir in 15 Jahren
alle Freunde sind und unsere Kinder gemeinsam
großgezogen haben, wird vielleicht jemand rückblickend sagen: »Was wir damals über Taylor
und ihre Freunde gesagt haben, das war wirklich
lächerlich!«

– *Vogue*, **14. April 2016**

EINIGE MEINER BESTEN Freundinnen leisten hervorragende Arbeit, erschaffen fantastische Dinge und sind die besten Vorbilder, die man sich für Mädchen und Frauen vorstellen kann. Und gerade deshalb fallen manche über sie her.

Die menschliche Natur und das Internet haben sehr dunkle Seiten. Manchen bereitet es größte Freude, wenn sie jemanden schlechtmachen können, der nur Gutes tut.

– The Sun, 27. Oktober 2014

ICH GLAUBE, DER Grund dafür, dass viele prominente Leute verunsichert sind und kaum noch etwas essen wollen, beruht darauf, dass sie jeden Tag so viele Fotos von sich sehen. Das tut niemandem gut, sondern schadet nur. Wenn du dich zu oft siehst, erträgst du deinen eigenen Anblick am Ende nicht mehr und hältst dich womöglich sogar für hässlich.

– Glamour, 1. Juli 2009

ICH MAG ES nicht, seitenlang Fotos von Männern
zu sehen, die ich angeblich date. Und ich hasse
es, wenn Comedians sich bei Preisverleihungen
über mich lustig machen. Ich lese auch nicht gern
Schlagzeilen wie »Vorsicht Bro, sonst schreibt
sie noch einen Song über dich!«. Das zieht meine
Arbeit ins Lächerliche. Das Schlimmste an all
dem ist, dass dadurch eine neue Beziehung derart
unter Druck gerät, dass sie häufig schon zunichte-
gemacht wird, bevor sie überhaupt begonnen hat.

– *Rolling Stone*, 8. September 2014

ICH BESCHLOSS, DEN Leuten diese Art von Unterhaltung einfach nicht mehr zu bieten. Ich traf mich nicht mehr in der Öffentlichkeit mit einem Freund, damit niemand Fotos schießen und wild über unsere Beziehung spekulieren konnte. Ich flirte nicht einmal mehr harmlos mit einem Mann, der zufällig neben mir sitzt, weil es dann am nächsten Tag heißen könnte, er wäre mein neuer Freund. Ich biete einfach keine Gelegenheit mehr, Gerüchte über mich zu verbreiten.

– *Vogue*, 13. Februar 2015

WENN MAN EINE Beziehung öffentlich macht, kann man sich ungezwungen verhalten und das tun, was einem gefällt. Man muss nicht Rücksicht darauf nehmen, ob andere Leute einen sehen. Aber es bereitet unglaublich viel Mühe, wenn man vor anderen verbergen will, dass man jemanden datet.

– *Time*, 6. Dezember 2023

WAS ÜBER MEIN Privatleben gesagt wird, ist mir egal, weil ich damit umgehen kann und sich nun mal viel um TV-Auftritte, meine Katzen und Freundinnen dreht. Aber mir ist nicht egal, wenn jemand unfaire Bemerkungen über mein Songwriting macht. Da verstehe ich keinen Spaß!

– *Guardian*, 23. August 2014

ICH BIN DER Meinung, dass man als Songwriter oder Songwriterin für alles offenbleiben muss. Dazu gehört auch, verletzlich zu sein und tief zu empfinden. Wenn man berühmt ist, neigt man oft dazu, seine Gefühle abzuschotten und seine Ohren vor übler Nachrede zu verschließen. Ich selbst bemühe mich um eine Gratwanderung zwischen diesen beiden Extremen.

– BBC Radio 1, 9. Oktober 2014

WENN DU EINEN Song herausbringst oder in einem Film mitspielst, denkst du oft nicht daran, dass du damit – ob du es willst oder nicht – zu einem Idol für andere wirst. Ich persönlich freue mich darüber, weil es für mich die größte Ehre der Welt ist, wenn eine Mutter auf mich zutritt und mir sagt: »Meine achtjährige Tochter hört deine Musik, und ich finde es großartig, dass sie zu dir aufblickt!«

– *The Ellen DeGeneres Show*, 11. November 2008

ICH DENKE DARÜBER nach, was meine Enkel – sollte ich das Glück haben, einmal welche zu haben – darüber sagen würden, wenn sie alte Bilder und Fotos von mir sehen. Sicher würden sie lachen und sich über meine Ungeschicklichkeiten lustig machen. Aber ich will auf keinen Fall, dass sie sich für mich schämen müssten. Dabei geht es um dieses ganze Vorbildthema. Denkt man bei allem, was man tut, an die Kids in der ersten Reihe? Ich glaube, damit würde man sich selbst unnötig unter Druck setzen. Einfacher ist es, wenn du dein ganzes Leben so führst, dass du dich für das, woran man sich später erinnern wird, nicht schämen musst. Du musst dir einfach vorstellen: »Was wäre, wenn ich eine fünfjährige Tochter hätte?«

– »Taylor Swift 1989«, 27. Oktober 2014

ICH WEISS NATÜRLICH, dass es manche draufhaben, auf Partys besonders smart und aufreizend zu wirken. Hätte ich das versucht, würden alle nur sagen, dass Americas Sweetheart komplett durchgeknallt ist. Deshalb habe ich es lieber bleiben lassen. Und ich habe nicht das Gefühl, dass ich deswegen etwas verpasst habe.

– *British Vogue*, November 2014

ICH HABE MICH lang gesträubt, Securityleute einzustellen, weil ich ein ganz normales Leben führen wollte und gern mal allein eine Spritztour mit dem Auto mache ... aber das habe ich schon seit sechs Jahren nicht mehr getan. Es gibt so viele Männer, die vor meinem Haus oder dem meiner Mutter aufgetaucht sind und gedroht haben, mich zu töten oder zu entführen – oder mich heiraten wollten. Das ist die schwierige Seite meines Lebens, an die ich nicht ständig in Angst denken will ... Wenn ich Securityleute um mich habe, fühle ich mich sicher.

– Esquire, 20. Oktober 2014

ANMERKUNG: Viele Prominente, die Drohungen erhalten haben, stellen Securityleute ein, von denen sie in der Öffentlichkeit und zu Hause geschützt werden.

WAS MIR EIN bisschen Angst macht, ist, dass mich jemand heimlich in meinem Hotelzimmer fotografieren könnte und mich in einer Situation zeigt, die für mich unvorteilhaft ist. Deshalb führe ich ein Leben hinter heruntergelassenen Jalousien, wo immer ich auch bin. Das macht mir schon zu schaffen. Wie gerade jetzt gibt es jeden Tag bei TMZ jemanden, der versucht, etwas über mich auszugraben und irgendwelchen Trash über mich zu veröffentlichen.

– Beats 1, 13. Dezember 2015

ANMERKUNG: TMZ ist eine Website, die ihre Nachrichten über Prominente auf zweifelhafte Weise erhält, z. B. durch den Kauf von Fotos und Videos, die Paparazzi aufgenommen haben.

VOR EIN PAAR Jahren nannte mich jemand in den Social Media eine Schlange. Das ging dann so weiter, bis auch viele andere Leute im Internet üble Dinge über mich sagten. Eine Zeit lang litt ich ziemlich darunter. Aber ich möchte allen, die dasselbe erleben, sagen: Wenn euch jemand in den Social Media beleidigt, und selbst wenn sich dann viele Trittbrettfahrer anschließen, muss dich das nicht in die Knie zwingen. Es kann dich sogar stärker machen!

– *Reputation* Stadium Tour, Glendale, Arizona,
8. Mai 2018

SOBALD DIESES ALBUM erschienen ist, werden viele Blogs Trash darüber verbreiten, um welche Männer es in den einzelnen Songs geht. Als ob man künstlerische Inspiration so einfach wie mit einem Vaterschaftstest nachweisen könnte! Und dann werden viele Fotos den ganzen Unsinn belegen, denn wenn es Fotos gibt, dann muss es doch wohl stimmen, oder?

Ich werde dazu nichts weiter sagen.

Reputation spricht für sich.

– *Reputation* Special-Edition-Magazin,
10. November 2017

DEIN ANSEHEN HAT nur dann eine Bedeutung, wenn es dich davon abhält, Leute kennenzulernen, bei denen du das Gefühl hast, dass du mit ihnen wirklich näher zu tun haben möchtest.

– Taylor Swift NOW secret show, 28. Juni 2018

ICH WAR RICHTIG stolz auf meine Aussage: »Ich werde dazu nichts weiter sagen. *Reputation* spricht für sich.« ... Ich wollte das neue Album nicht erklären, weil ich mich dazu nicht verpflichtet fühlte. Ich hatte einige Jahre hinter mir, die wirklich schrecklich waren, und ich wollte das nicht in aller Öffentlichkeit ausbreiten. Ich wollte nicht darüber reden, sondern eine Stadion-Tournee machen und meinen Fans damit alles geben, was ich konnte.

– Beats 1, 1. Mai 2019

BEI [*REPUTATION*] GEHT es um die verschiedenen
Aspekte von Reputation: darüber, wie das, was die
Leute von dir denken, dein Verhalten bestimmt.
Die ganze Zeit, als ich an dem Album arbeitete,
war ich von guten Freundinnen und Freunden und
meiner Familie umgeben. Keiner von ihnen liebte
mich weniger, nur weil ich öffentlich gerade in der
Kritik stand.

– 2018 American Music Awards, 9. Oktober 2018

Teil III

TAYLOR SWIFTS LEBENSERFAHRUNG

Speak Now:

politische

Standpunkte

ICH HATTE NIE diese Männer-gegen-Frauen-Denke. Meine Eltern haben mich so erzogen, dass man es als Frau weit bringen kann, wenn man ebenso hart wie die Männer arbeitet.

– *Daily Beast*, 22. Oktober 2012

ANMERKUNG: Taylor Swift war 22, als sie dies äußerste. Als sie älter war und mehr Erfahrung in der Branche gesammelt hatte, sah sie die Dinge anders, wie die Zitate zum Thema Feminismus weiter hinten im Kapitel deutlich zeigen.

ICH SCHRIEB DEN Song »Mean« über einen Kritiker, der mich regelrecht hasste. Als der Song herauskam, wurde er zu meiner Überraschung zu einer Art Hymne gegen Mobbing in der Schule. Wenn die Leute sagen, dass ich mich für die Frauen einsetze, so sehe ich dies als großes Kompliment. Eigentlich schreibe ich nur Songs über das, was ich fühle. Und ich halte es für ein Zeichen von Stärke, wenn man seine Gefühle offenbart.

– *Daily Beast*, 22. Oktober 2012

ICH MUSS NOCH so viel über Politik und Feminismus lernen, über all diese bedeutenden Fragen
und Konzepte. Ich möchte mich am Ende mit den
großen Themen, über die so viel diskutiert wird,
gut auskennen. Aber ich mache gerade mal die
ersten Schritte – wie ein Baby, das laufen lernt.
Ich will erst Stellung beziehen, wenn ich wirklich
weiß, wovon ich rede.

– *Elle* **Kanada, 19. November 2012**

ICH HABE LANG gezögert, mich zu politischen Fragen zu äußern, doch in den vergangenen zwei Jahren haben verschiedene Geschehnisse in meinem Leben und in der Welt meine Haltung geändert. Ich habe immer und werde auch in Zukunft meine Stimme den Kandidatinnen und Kandidaten geben, die sich für die Menschenrechte einsetzen, denn die verdienen in unserem Land mehr Beachtung. Ich unterstütze den Kampf der LGBTQ-Bewegung und halte jede Diskriminierung eines Menschen aufgrund seiner sexuellen Orientierung für FALSCH. Der immer noch in diesem Land tief verankerte und erschreckend weitverbreitete Rassismus gegen People of Color ist mir zuwider.

– Instagram-Post, 7. Oktober 2018

ANMERKUNG: 2018 beendete Taylor Swift ihr Schweigen zu politischen Fragen, indem sie sich auf Instagram für den Demokraten Phil Bredesen aussprach, der als Senator in Taylors Heimatstaat Tennessee kandidierte. Am Ende gewann die Republikanerin Marsha Blackburn gegen ihn, doch dies war der Beginn von Taylors politischen Statements in den sozialen Medien.

MIT UNVERHOHLENER HETZE Ängste zu schüren und zu Rassismus aufzurufen, ist ganz und gar nicht das, was ich mir von den führenden Politikern wünsche. Mir ist klar, dass ich mit meinem Einfluss dieser abstoßenden Rhetorik entgegenwirken muss. Ich werde da in Zukunft noch mehr tun. Im nächsten Jahr wird es ein heißes Rennen.

– *Elle*, 6. März 2019

ES IST IMMER mutig, seine Gefühle gerade in schwierigen Momenten zu offenbaren. Noch mutiger jedoch ist es, sich bezüglich seines Liebeslebens und seiner Partner zu outen, wenn die Beziehung jenseits der gesellschaftlichen Norm liegt. Ich möchte deshalb meinen Respekt und meine Unterstützung für diejenigen aussprechen, die den Mut haben, ehrlich zu ihren Gefühlen und zu ihrer ganz individuellen Art der Lebensführung zu stehen. Ich denke, wir sollten feiern, was wir schon erreicht haben, aber uns auch bewusst machen, dass wir noch einen sehr langen Weg vor uns haben.

– *Reputation* Stadium Tour, Chicago, Illinois, 2. Juni 2018

IM ALTER VON 15 wurde ich das erste Mal auf [Feminismus] angesprochen. Damals sagte ich: »Ich äußere mich nicht über politische Fragen, weil ich darüber zu wenig weiß. Ich denke, ich bin wohl keine [Feministin].« Ich wünschte, mir wäre damals schon klar gewesen, dass es schlichtweg um die Frage der Gleichberechtigung der Geschlechter geht.

– »Taylor Swift 1989«, 27. Oktober 2014

FRÜHER HABE ICH gesagt: »Oh, Feminismus habe
ich so gar nicht auf dem Schirm.« Das sagte ich,
weil ich noch kindlich war und von niemandem
ernst genommen wurde. Erst als Erwachsene er-
kannte ich, wie schwer man es als Frau hat.

– *Maxim*, 11. Mai 2015

ICH FINDE ES gar nicht cool, ständig mit Rat-
schlägen bombardiert zu werden. Schon gar nicht,
wenn dir als junges Mädchen eingehämmert wird,
wie wichtig es sei, sexy und cool rüberzukommen.
Für Mädchen sind das sicher nicht die besten Ratschläge ... Ich habe mir ganz andere Ziele gesetzt ...
Ich bin fantasievoll, smart und arbeite hart. Aber
solche Eigenschaften sind in der Popkultur nicht
die gefragtesten.

– *CBS This Morning*, 29. Oktober 2014

ICH KENNE KEINE Musikerin, die nicht von den Medien wegen ihres Alterns oder ihres Kampfes gegen das Altern total zerpflückt und bloßgestellt worden ist. Mir scheint es für eine Frau wirklich schwieriger zu sein, in der Musikszene zu altern. Ich hoffe nur, dass es mir mit Würde gelingen wird.

– *Time*, 13. November 2014

ALS FEMINISTIN GLAUBE ich, dass wir Gleich-berechtigung nur erreichen können, wenn wir Frauen aufhören, uns untereinander zu bekriegen und fertigzumachen. Stattdessen sollten wir uns als Frauen gegenseitig unterstützen und fördern.

– *Tout le monde en parle*, 28. September 2014

VERARBEITET EIN MANN seine Erfahrungen in einem Songtext, gilt er als mutig. Tut eine Frau dasselbe, wird sie schnell als überemotional und taktlos verurteilt. Oder sogar als total durchgedreht. »Achtung! Sie könnte ein Lied über dich schreiben!«, lautet ein alter sexistischer Spruch.

– »Barbara Walters Presents: The 10 Most Fascinating People of 2014«, 15. Dezember 2014

2013 TRAF ICH bei einer der Meet-and-Greet-Veranstaltungen vor den Konzerten den berühmten DJ eines Country-Radioprogramms. Als wir für ein Foto posierten, schob er seine Hand unter mein Kleid und griff nach meiner Pobacke. Ich wollte mich von ihm wegbewegen, doch er ließ mich nicht los. Das Ganze ereignete sich während einer großen Stadion-Tournee, und zahlreiche Augenzeugen bekamen alles mit. Ich dachte mir, wenn der Typ schon in dieser Situation so dreist war, wie würde er sich erst einer jungen und unbekannten Künstlerin gegenüber verhalten?

– *Time*, 6. Dezember 2017

ALS ICH MEINE Zeugenaussage machte, dauerte die Gerichtsverhandlung schon eine ganze Woche lang, und ich hatte die ganze Zeit über miterleben müssen, wie der Verteidiger dieses Kerls mein ganzes Team, inklusive meiner Mutter, mit irgendwelchen Bagatellen schikaniert und sie und mich der Lügen bezichtigt hatte ... Ich war richtig wütend und entschied mich, die Dinge unmissverständlich beim Namen zu nennen ... Hinterher sagte man mir, dass im Colorado Federal Court noch nie zuvor so oft das Wort »Hintern« gefallen sei.

– *Time*, 6. Dezember 2017

NACHDEM DIE JURY mir recht gegeben hatte,
wurde der Mann, der mir gegenüber sexuell über-
griffig geworden war, zu einem symbolischen
Schmerzensgeld in Höhe von einem Dollar verurteilt. Dass ich das Geld bis heute nicht erhielt,
spricht für sich.

– *Time*, 6. Dezember 2017

ANMERKUNG: Taylor Swift verlangte nicht mehr als einen Dollar, um auf diese Weise deutlich zu machen, dass es ihr nicht um
Geld ging, sondern um die Solidarität mit anderen Grabschopfern,
die nicht das Geld haben, vor Gericht zu gehen. Der DJ behauptet,
er habe – kurz bevor das *Time*-Interview veröffentlicht wurde –
Taylor Swift einen Dollar zugeschickt.

HEUTE VOR EINEM Jahr war der Tag, an dem die Jury des Gerichts zu meinen Gunsten entschied. Ich denke oft an die vielen anderen Opfer, denen man nicht Glauben schenkt, und an die, die gar nicht erst den Mut haben, den Mund aufzumachen, aus Angst, dass man ihnen vielleicht nicht glaubt. Ich empfinde tiefes Mitleid mit jedem Opfer, das nicht sein Recht bekommt. Und ich weiß nicht, was es für mein Leben bedeuten würde, wenn man mir nicht geglaubt hätte ... Uns muss klar sein, dass noch ein weiter Weg vor uns liegt, und ich bin allen, die in dieser wirklich schlimmen Zeit in meinem Leben fest hinter mir standen, so dankbar für ihre Unterstützung.

– Reputation Stadium Tour, Tampa, Florida,
14. August 2018

VIELE OPFER SEXUELLER Übergriffe werden
später verunglimpft und kritisiert ... Kein Opfer
sollte sich jedoch selbst die Schuld am Geschehen
geben oder die nachträglichen Beschuldigungen
anderer hinnehmen. Man sollte Opfern auch keine
Vorwürfe machen, wenn sie nach einem sexuellen
Übergriff erst 15 Minuten, 15 Tage oder 15 Jahre
später Anzeige erstatten. Und sie sind auch nicht
dafür verantwortlich, was später mit dem Täter
geschieht, der ihnen Gewalt angetan hat.

– *Time*, 6. Dezember 2017

Shake It Off:

und andere

Lebens-

weisheiten

IN DEM SONG »Shake It Off« wollte ich die Dinge mal aus einem anderen Blickwinkel betrachten und ganz locker von Leuten sprechen, die mich beleidigen wollten, was ihnen aber nicht gelungen ist. In dem Song »Mean«, den ich vor ein paar Jahren geschrieben habe, ging es um dasselbe, nur war der Ton ganz anders. Mit der Frage »Why you gotta be so mean?« nahm ich praktisch die Opferrolle ein. So reagiert man eben, wenn man zum ersten Mal gemobbt wird. Doch in den letzten Jahren habe ich gelernt, über Dinge, die eigentlich nichts mit meinem Leben zu tun haben, einfach nur noch zu lachen.

– All Things Considered, 31. Oktober 2014

DU KANNST ALLES schaffen, was du im Leben erreichen willst, und trotzdem kann es sein, dass du nicht das Gefühl hast, wirklich dazuzugehören. Millionen Alben zu verkaufen bedeutet nicht, dass ich mich richtig cool fühle. Natürlich habe ich hart gearbeitet und viele andere Leute mit mir, und ich bin stolz auf das, was ich erreicht habe. Aber Erwartungen zu erfüllen ist nicht das Wichtigste im Leben. Das Wichtigste ist, sein eigenes Ding zu machen und dabei mehr Spaß zu haben als die scheinbar so coolen Typen.

– **Hinter den Kulissen beim »Shake It Off«-Musikvideo,
11. September 2014**

WENN MIR NACH tanzen ist, so entspricht das eigentlich ganz meiner Art, mein Leben zu führen. Jeder kennt das: Du bist auf einer Party, und manche quatschen nur und schauen verächtlich auf die, die tanzen. Rate mal, wer mehr Spaß hat?

– *Guardian*, **23. August 2014**

WENN DICH JEMAND kritisiert oder hinter deinem Rücken über dich redet, hast du das Gefühl, dass dir diese Worte für jeden sichtbar ins Gesicht geschrieben stehen. Und das Gesagte geht dir immer wieder im Kopf herum – wie ein Echo. Mit der Zeit läufst du sogar Gefahr, dich selbst nur noch so zu sehen. Vor dieser Gefahr bist du erst gefeit, wenn du verstehst, dass die Meinung anderer Leute, die dich gar nicht kennen und denen nichts an dir liegt, absolut nichts damit zu tun hat, wer du wirklich bist.

– *The* 1989 *World Tour Live*, 20. Dezember 2015

AUCH WENN WIR gern alles im Leben in eine Schublade stecken wollen, kann man die Menschen keineswegs über einen Kamm scheren. Sie lassen sich nicht einfach in Gut oder Böse einteilen. Jeder von uns ist ein Mosaik aus guten und schlechten Eigenschaften, unseren verborgensten Geheimnissen und den Storys, die wir über uns preisgeben.

– *Reputation*-Magazin, 10. November 2017

FRÜHER, IN MEINER Schulzeit, habe ich meine
Haare gehasst. Sie sind von Natur aus wild gelockt.
Alle anderen hatten glatte Haare, und so wollte ich
es auch gerne haben. Morgens habe ich stunden-
lang damit zugebracht, meine Haare zu glätten.
Irgendwann ist mir der Gedanke gekommen, dass
etwas nicht unbedingt schlechter sein muss, nur
weil es nicht so ist wie bei den anderen.

– hinter den Kulissen beim Cover-Shooting für *Seventeen,*
5. Mai 2008

SO SIND WIR Menschen: Unsere Lieblingsschuhe
sind immer die, die wir erst gestern gekauft haben.
Unsere neuesten Sachen sind uns meistens die
liebsten. Und was wir schon am längsten sehen
und am häufigsten betrachten, ist unser eigenes
Spiegelbild. Also ist es eigentlich kein Wunder,
dass wir es am allerwenigsten mögen.

– *Loose Women,* **18. Februar 2009**

EINE MEINER BESTEN Freundinnen ist eine Schönheitskönigin ... Jeder möchte so sein wie sie, alle Jungs wollen sie daten. Aber ich habe [»Tied Together With A Smile«] genau an dem Tag geschrieben, an dem ich erfuhr, dass sie unter einer Essstörung litt. Es ist echt schockierend, zu erfahren, dass jemand, den du für absolut stark gehalten hast, es in Wahrheit gar nicht ist.

– Kommentar zu »Tied Together With A Smile«,
Taylor Swift (Big Machine Radio Release Special),
13. Dezember 2018

ICH HABE GELERNT, nicht mehr jedes Gramm Fett an meinem Körper zu hassen. Ich trainierte mein Gehirn zu erkennen, dass etwas mehr an Gewicht auch schöne Kurven, glänzendes Haar und ein Plus an Energie bedeutet. Viele von uns übertreiben das Diäthalten, was echt nicht gesund ist. Ich arbeite jeden Tag daran, meinen Körper zu akzeptieren.

– *Elle*, 6. März 2019

ICH FINDE MENSCHEN schön, die sich einfach so geben, wie sie sind. ... Einzigartig und anders: So lautet das zeitgemäße Verständnis von Schönsein. Keiner von uns muss so sein wie alle anderen. Ehrlich, wir sollten das gar nicht erst versuchen.

– hinter den Kulissen beim Foto-Shooting für CoverGirl,
22. April 2010

Es IST AUF jeden Fall besser für das eigene Selbstbewusstsein, wenn wir weniger auf Lob und Zustimmung im Internet schielen. Denn drei Kommentare später liest du vielleicht in einem Post, dass du aussiehst wie ein Wiesel, das von einem Lkw überfahren und von einem betrunkenen Tierpräparator wieder zusammengeflickt wurde. Diesen Post habe ich tatsächlich über mich gelesen.

– *Elle*, 6. März 2019

> ANMERKUNG: Taylor Swift hat die Kommentarfunktion ihrer Social-Media-Accounts ausgeschaltet, um weder beleidigende noch lobende Kommentare zu lesen.

WORTE KÖNNEN DICH in Millionen Scherben zer-
schmettern, aber sie können die Scherben auch
wieder zusammenfügen. Ich hoffe, ihr nutzt die
Sprache nur zum Guten. Die einzigen Worte, die
man mehr bereut als die ungesagten, sind solche
mit der Absicht, jemanden zu verletzen.

– *Speak Now*-Begleitheft, 25. Oktober 2010

ES KOSTET NICHT viel, sich zu entschuldigen,
wenn man jemanden, der einem viel bedeutet,
verletzt hat. Selbst wenn es unbeabsichtigt war,
ist es so einfach, um Verzeihung zu bitten und die
Sache damit aus dem Weg zu räumen. Doch sag
bloß nicht: »Es tut mir leid, aber ... « Nur eine echte
Entschuldigung erhält das Vertrauen in Freund-
und Partnerschaften aufrecht.

– *Elle*, 6. März 2019

DEN SONG »BAD BLOOD« habe ich kürzlich mit
einer besonderen Art von gebrochenem Herzen
geschrieben. Diejenige, die ich mir so sehr als
Herzensfreundin gewünscht hatte und von der
ich auch geglaubt hatte, dass sie es war, zeigte
mir überdeutlich, dass ich mich in ihr getäuscht
habe ... Mit diesem Song ist es mir endlich gelungen, mir Gehör zu verschaffen. Von uns beiden war
sonst immer sie diejenige gewesen, die den Ton
angab. Tatsächlich ist es total wichtig, klar seine
Meinung zu sagen, auch wenn das nur mit einem
Song gelingen sollte.

> – Kommentar zu »Bad Blood«, *1989* (Big Machine Radio
> Sondersendung zur Veröffentlichung des Songs),
> 13. Dezember 2018

ZU ALLEN STETS nur nett zu sein kann einen Haufen Probleme schaffen. Von früh an wurde ich dazu erzogen, eine höfliche junge Dame zu sein. Später im Leben ist es echt frustrierend, wenn dich die Leute wegen dieser Haltung ausnutzen. Also sei stark, höre auf deine eigenen Gefühle, und wehre dich, falls nötig. Sei wie eine Schlange: Beiße nur, wenn dich jemand tritt.

– *Elle*, 6. März 2019

ANMERKUNG: Bei *Reputation* taucht das Motiv der Schlange in verschiedenen Songs des Albums, in Videos und im Bühnenbild vieler Konzerte auf. Taylor Swift reagierte damit darauf, dass sie in den Social Media als Schlange bezeichnet worden war. In einem Musikvideo zum Song »Lover« verwandelt sich eine Schlange in pastellfarbene Schmetterlinge. Fans betrachten das als Symbol für Taylors »Häutung«: das Ablegen ihres Images als Schlange.

ÜBLE DINGE BLENDET man gern aus, weil sie schmerzhaft sind. Aber wenn ich keinen Schmerz mehr empfinde, dann – fürchte ich – werde ich auch keine Begeisterung und Freude und Glück mehr intensiv empfinden können. Das will und kann ich nicht. Deshalb nehme ich alles in mich auf. Das macht mich zu der, die ich bin.

– *USA Today* Podcast-Interview, 27. Oktober 2010

Es ist eine Gratwanderung: Du darfst nicht so schwach und zerbrechlich sein, dass dich der erste Schlag zu Boden schickt, aber du musst zugleich den Schmerz empfinden und darüber schreiben können.

– *Esquire*, 20. Oktober 2014

Ich versuche, meine Fans davon zu überzeugen, dass sie sich nicht jeden Tag zuversichtlich, glücklich, schön und geliebt fühlen müssen. Man muss sich nicht noch den zusätzlichen Druck aufbürden, sich glücklich fühlen zu müssen, wenn man es gar nicht ist. Ich halte es für äußerst wichtig, zu sich selbst ehrlich zu sein, was die eigenen Gefühle angeht.

– »Taylor Swift 1989«, 27. Oktober 2014

JEDEN TAG KRIEGE ich so viele Messages, dass ich das Gefühl habe, es könnte im Internet eine Version von mir geben, die besser ist als ich selbst. Aber Tatsache ist: Es gibt mich nur einmal. Und ich bin nun mal, wer ich bin.

– Apple Music Video, 26. April 2019

AUCH OHNE GERADE verliebt zu sein, kann das Leben herrlich, romantisch und voller magischer Überraschungen sein. All diese Gefühle beim Verliebtsein kannst du auch haben, wenn du von deinen Freundinnen und Freunden geliebt wirst, neue Erfahrungen sammelst, dich Herausforderungen stellst und dein Leben nach deinen eigenen Vorstellungen führst.

– Q, 28. Oktober 2014

WENN DU GERADE auf der Suche nach einem
Freund bist, passiert es oft, dass du ein hübsches
Mädchen siehst und denkst : »Oh, jetzt kriegt die
bestimmt den Typen, auf den ich es abgesehen hatte.« Aber wenn du nicht auf Boyfriend-Suche bist
und du siehst ein supercooles Girl, dann denkst du:
»Wow, mit der würde ich gern was unternehmen.«

– *Rolling Stone*, 8. September, 2014

ES IST SO leicht, Leute zu mögen, sie an dich
heranzulassen, ihnen zu vertrauen – bis sie dir
einen Grund geben, genau das zu bereuen. Doch
die Alternative wäre, ein Eisberg zu sein.

– *The Australian*, 5. März 2009

BEI MEINEM SONG »Look What You Made Me Do«
fing eigentlich alles damit an, dass ich ein Ge-
dicht über meine Gefühle schrieb. Im Kern geht es
darum, dass man bestimmten Leuten nicht trauen
kann und dann merkt, dass man die Leute, auf die
man sich verlassen kann, umso mehr schätzt und
gern hat.

– *Reputation* Secret Session, Oktober 2017

ICH BEURTEILE LEUTE vor allem danach, ob sie moralische Wertmaßstäbe haben oder nicht, denn Vertrauenswürdigkeit ist das Wichtigste im Leben. Es ist mir egal, wie viel Talent oder Erfolg jemand hat oder wie reich und berühmt er ist – ohne feste Moralvorstellungen ist das alles nichts wert. Ich will keine Menschen um mich herum haben, die mich betrügen oder hinter meinem Rücken schlecht über mich reden.

– *Vanity Fair*, 11. August 2015

ICH FOLGE EINER grundlegenden Erfahrung: Wenn du das Richtige tust, dann zahlt sich das meist auch geschäftlich aus. Aber wenn du Dinge nur wegen des geschäftlichen Erfolgs tust, dann fällst du damit oft auf die Nase.

– *60 Minutes*, 20. November 2011

WÄHREND SICH DIE anderen Kids normale Fernsehshows ansahen, schaute ich die Serie *Behind the Music*. So erfuhr ich alles über die Erfolge, aber auch die Probleme vieler toller Bands. Wenn etwas schiefging, fragte ich mich immer nach den Gründen. Nach vielem Nachdenken kam ich darauf, dass es an fehlendem Selbstbewusstsein lag. Das war immer der Auslöser für einen Mangel an Beachtung, an Ehrgeiz und an künstlerischer Qualität. Deshalb arbeitete ich Tag für Tag daran, mein Selbstbewusstsein hochzuhalten.

– *GQ*, Oktober 2015

> **ANMERKUNG:** *Behind the Music* war eine TV-Dokumentarserie, die Ende der 1990er-Jahre begann. Jede Folge beschäftigte sich mit dem Hintergrund, dem Erfolg und den Misserfolgen einer Band bzw. eines Musikers oder einer Musikerin.

ICH BIN MIR durchaus bewusst, dass es nicht für immer und ewig nur märchenhaft rosig und toll laufen wird. Und ich will nicht, dass es irgendwann heißen wird: »Wann verschwindet sie endlich von der Bühne?« Denn das passiert!

– Beats 1, 13. Dezember 2015

MICH MACHEN HEUTE noch dieselben Kleinigkeiten glücklich wie früher, etwa in einen Lebensmittelladen zu gehen oder mit Freundinnen und Freunden abzuhängen. Ich denke, solange dich solche Dinge ebenso begeistern können wie große und verrückte Sachen, die in deinem Leben passieren, bleibst du geerdet und behältst dein seelisches Gleichgewicht.

– Bei den Proben für die 52nd Annual Grammy Awards, 31. Januar 2010

MEINE ELTERN WAREN beide an Krebs erkrankt, und meine Mutter kämpft gerade erneut dagegen an. Dadurch habe ich gelernt, dass es wirklich ernste Probleme im Leben gibt, hinter denen alles andere zurücksteht. Früher haben mir schon alltägliche Kleinigkeiten Sorgen bereitet. Heute widme ich meine Gedanken und Gebete nur noch bedeutenden Dingen.

– Elle, 6. März 2019

IM LAUFE DER Jahre habe ich gelernt, dass ich weder die Zeit noch die Energie habe, mich von Belanglosigkeiten beeinflussen zu lassen. Okay, wenn ich abends essen gehen will, sorgt mein Eintreffen vor dem Restaurant für Chaos, aber das hält mich nicht davon ab, mich trotzdem mit Freundinnen und Freunden zu verabreden. Das war vor sechs Jahren noch anders. Das Leben ist kurz, und ich will etwas erleben. Wenn ich mich die ganze Zeit in meinem Haus einschließe, gibt mir niemand die Zeit zurück, die ich dort verbringe.

– Time, 6. Dezember 2023

IN DEN ERSTEN Jahren, in denen deine Karriere in Gang kommt, sagen dir alle: »Genieße es einfach in vollen Zügen!« Das bekommst du andauernd zu hören. Mittlerweile weiß ich, wie es gelingt.

– *GQ*, 15. Oktober 2015

DAS PROBLEM BEI den Dingen, die man am liebsten tut, ist, dass du nie weißt, ob und wie lang du die Chance erhältst, sie zu tun. Aber die Tatsache, dass du sie in diesem Augenblick tun kannst oder zumindest darauf hinarbeitest, ist ein Anfang … Wenn du etwas wirklich liebst, dann ist der Weg dorthin genauso erfüllend wie das Erreichen des Ziels – nämlich deine Lieblingstätigkeit zu deinem Job zu machen.

– *VH1 Storytellers*, 11. November 2012

ICH BIN AUCH sehr dankbar, wenn ich mir abends beim Schlafengehen sagen kann, dass ich an diesem Tag ich selbst gewesen bin. Und an den Tagen davor ebenfalls.

– »NBC's People of the Year«, 26. November 2009

WENN ICH EINS gelernt habe, dann ist es, dass
man niemals jemandem ungebetene Ratschläge
erteilen sollte. Es gab so viele ältere Leute, die mir
wegen meiner Jugend ständig sagten, was ich tun
und lassen sollte. Aber am Ende kommt es nur darauf an, wie du später in Erinnerung bleiben willst.
Verhalte dich einfach so!

– Billboard, 25. Mai 2013

Meilensteine

1989

- Taylor Alison Swift wird am 13. Dezember 1989 in Reading, Pennsylvania, als Tochter von Scott und Andrea Swift geboren. Ihre frühe Kindheit verbringt sie auf der Weihnachtsbaumfarm ihrer Eltern in Wyomissing, Pennsylvania. Ihr Vater arbeitet zudem als Börsenmakler für Merrill Lynch.

2002

- Taylor Swift singt die Nationalhymne bei einem Spiel der Philadelphia 76ers.

2003

- Taylor Swift erhält einen Nachwuchsvertrag bei RCA Records. Am Jahresende entscheidet das Label, erst an ihrem 18. Geburtstag über die Produktion eines Albums mit ihr zu entscheiden. Anstatt abzuwarten, entschließt sich Taylor Swift daraufhin zur Trennung von RCA.

- Taylor Swift modelt für eine Rising-Stars-Werbekampagne von Abercrombie & Fitch.

2004

- Taylor Swifts Song »The Outside« schafft es auf den Musik-Sampler *Maybelline New York Presents Chicks with Attitude.*

- Scott Swift wechselt in das Merrill-Lynch-Büro in Nashville, um seine Tochter näher an Nashvilles Music Row, das Zentrum der Countrymusic, zu bringen. Die Familie lebt außerhalb in Hendersonville, Tennessee.

- Taylor Swift beginnt ihr erstes Jahr an der Hendersonville High School und lernt dort ihre langjährige Freundin Abigail Anderson kennen, die später im Song »Fifteen« verewigt wird.

- Taylor Swift tritt im Bluebird Cafe in Nashville auf und bekommt von Scott Borchetta, einem Countryveteranen der Universal Music Group Nashville, ein Vertragsangebot.

2005

- Taylor Swift unterschreibt einen Songwriting-Vertrag bei Sony/ATV Music Publishing. Sie ist die jüngste Songwriterin, die dort jemals veröffentlicht worden ist.

- Borchetta gründet Big Machine Records und gibt Taylor Swift einen Plattenvertrag.

2006

- Taylor Swift beendet ihr zweites (und zugleich letztes) Jahr an der Hendersonville High School. Sie wird nun zu Hause unterrichtet, damit sie sich auf ihre Musik und Karriere konzentrieren kann.

- Taylor Swifts erste Single »Tim McGraw« wird veröffentlicht. Taylor Swift schrieb den Song im Klassenzimmer, als sie an ihren Freund dachte, der im Herbst wegziehen würde, um aufs College zu gehen. Am Song mitgewirkt hat Liz Rose, eine musikalische Mitstreiterin, die sich selbst oft als Taylor Swifts »Redakteurin« bezeichnet. Die Single steigt bis auf Platz sechs der Billboard Hot Country

Songs-Charts – vermutlich auch wegen des berühmten Namens im Titel.

- Das Album *Taylor Swift* kommt heraus. Viele der Songs hat Taylor Swift als Vollzeitschülerin auf der High School zusammen mit Rose geschrieben. Nachdem Taylor Swift probehalber mit einigen erfahrenen Produzenten gearbeitet hat, ist ihre Wahl auf Nathan Chapman gefallen, mit dem sie bereits mehrere Demos eingespielt hat. Er produziert bis auf einen alle Songs des Albums. Taylor Swift promotet das Album über Monate bei einer landesweiten Tour zu Radiostationen. Dafür wird sie mit Platz fünf in den Billboard 200-Charts und sieben Platinschallplatten der Recording Industry Association of America (RIAA) belohnt. Die bekanntesten Single-Auskopplungen neben »Tim McGraw« sind »Teardrops On My Guitar«, »Our Song« und »Picture To Burn«.

- Taylor Swift spielt als Vorgruppe bei der *Me and My Gang*-Tour der Rascal Flatts.

2007

- Mit Kellie Pickler und Jack Ingram spielt Taylor Swift als Vorgruppe für Brad Paisley bei dessen *Bonfires & Amplifiers*-Tour.

- Taylor Swift wird bei den 42. Academy of Country Music Awards (ACM Awards) als Beste Newcomerin nominiert. Zwar gewinnt sie nicht, trifft aber zum ersten Mal Tim McGraw, als sie ihren nach ihm benannten Song singt.

- Taylor Swift spielt einige Male als Vorgruppe für Tim McGraw und Faith Hill bei deren *Soul2Soul II*-Tour.

- »Our Song« kommt als Single heraus und wird Taylor Swifts erster Nummer-1-Titel in den Billboard Hot Country Songs-Charts.

- Taylor Swift veröffentlicht ihre Weihnachts-EP *Sounds of the Season: The Taylor Swift Holiday Collection.*

- Taylor Swift gewinnt bei den Country Music Association Awards (CMA Awards) den Horizon Award für vielversprechende Nachwuchskünstlerinnen und -künstler.

2008

- Taylor Swift gewinnt den ACM Award für die Beste Newcomerin.

- Taylor Swift datet Joe Jonas, der die Beziehung später in einem 27-sekündigen Telefongespräch beendet, über das Taylor Swift in der *Ellen DeGeneres Show* spricht. Jonas ist eines der wenigen Dates, zu denen sich Taylor Swift öffentlich bekennt. Bei späteren Beziehungen äußert sie sich sehr viel zurückhaltender.

- Taylor Swift freundet sich mit Selena Gomez an, während beide mit Joe und Nick Jonas zusammen sind. Nach dem Ende der Beziehungen sind Taylor Swift und Gomez unzertrennlich.

- Taylor Swift macht ihren Abschluss an der Highschool.

- Taylor Swifts EP *Beautiful Eyes* wird im Rahmen eines Exklusivvertrags mit Walmart veröffentlicht.

- »Love Story« handelt von einem Jungen, in den Taylor Swift verliebt gewesen ist, ohne den Segen ihrer Eltern zu bekommen. Der Song kommt als Vorab-Auskopplung des Albums *Fearless* heraus und wird Taylor Swifts erster Crossover-Hit, der nicht nur in den Pop- und Country-Charts der USA, sondern auch international erfolgreich ist: Er landet in Kanada und Australien auf Platz eins der Charts.

- *Fearless* erscheint. Auch an Taylor Swifts zweitem Album haben Rose und Chapman mitgewirkt, neu hinzugeholt wurden Leute wie Colbie Caillat und John Rich. Zum ersten Mal ist Taylor Swift Co-Produzentin aller Songs. Einige davon werden als Singles ausgekoppelt, darunter »Love Story«, »You Belong With Me« und »Fifteen«. *Fearless* wird wie »Love Story« ein großer Crossover-Erfolg und klettert als das meistverkaufte Album des Jahres 2009 an die Spitze der Billboard 200-Charts. Zudem wird es auf den Billboard 200-Charts der erfolgreichsten Alben aller Zeiten an vierter Stelle geführt.

- Taylor Swift wird bei den American Music Awards (AMA) als beliebteste Countrysängerin ausgezeichnet.

2009

- Taylor Swift erfüllt sich einen Traum und spielt in *CSI*, einer ihrer Lieblingsserien, eine Figur, die ermordet wird.

- Taylor Swift geht mit *Fearless* auf ihre erste Solo-Konzerttour. Die ausverkaufte Tournee beginnt in Evansville, Indiana, und führt durch Asien, Australien und Europa.

- In *Hannah Montana – Der Film* spielt Taylor Swift sich in einer kleinen Rolle selbst. Außerdem steuert sie den Song »Crazier« für den Soundtrack bei.

- Für ihre Verdienste, junge internationale Fans für Countrymusic zu begeistern, erhält Taylor Swift bei den 44. ACM Awards den Crystal Milestone Award. Außerdem wird *Fearless* als Album des Jahres ausgezeichnet.

- Taylor Swift spielt einige Male als Vorgruppe für Keith Urban bei dessen *Escape Together* World Tour.

- Taylor Swift gewinnt bei den MTV Video Music Awards (VMA) mit »You Belong With Me« den Preis für das Beste

Video einer Sängerin. Bei ihrer Dankesrede kommt Kanye West auf die Bühne und behauptet dreist, Beyoncé hätte die Auszeichnung verdient. Der Vorfall beschert Taylor Swift eine Welle der Unterstützung, darunter von Beyoncé selbst und von Präsident Barack Obama, führt aber zu einem anhaltenden Zerwürfnis zwischen Taylor Swift und West.

- Die *Fearless Platinum Edition* kommt heraus – mit neuen Songs und einer DVD mit Musikvideos sowie Hintergrundmaterial.

- In der Late-Night-Show *Saturday Night Live* macht sich Taylor Swift mit einem Song über ihre eigenen Texte lustig, die sich immer wieder um junge Männer drehen.

- Bei den 57. BMI Country Awards wird »Love Story« zum Song des Jahres gewählt.

- Taylor Swift gewinnt fünf CMA Awards, darunter als Entertainerin des Jahres und für das Album des Jahres (*Fearless*).

- Taylor Swift gewinnt bei den AMA fünf von sechs Auszeichnungen, für die sie nominiert wurde, u. a. als Künstlerin des Jahres und für das beliebteste Countryalbum (*Fearless*).

- Taylor Swift datet kurze Zeit John Mayer.

- Taylor Swift zieht bei ihren Eltern aus und kauft für 1,99 Millionen Dollar eine Eigentumswohnung in Nashville.

2010

- Taylor Swift gewinnt mit »White Horse« ihren ersten Grammy als Beste Countrysängerin und ist die jüngste Künstlerin, die jemals die Auszeichnung Album des Jahres (für *Fearless*) erhalten hat. Außerdem bekommt sie Grammys für das Beste Countryalbum und den Besten Country-song (ebenfalls für »White Horse«).

- Taylor Swift spielt eine kleine Rolle in der romantischen Komödie *Valentinstag*. Am Set lernt sie Taylor Lautner kennen, in den sie im Film verliebt ist und den sie dann auch für kurze Zeit datet.

- Nachdem der Song »Mine« im Internet geleakt worden ist, wird die offizielle Veröffentlichung als Auskopplung aus dem neuen Album *Speak Now* vorgezogen. Der Song erreicht Platz zwei der Billboard Hot Country Songs-Charts.

- *Speak Now* erscheint – bis heute das einzige Album, das ganz allein Taylor Swift geschrieben hat. Eigentlich sollte es *Enchanted* heißen, aber dem Label erscheint der Titel zu jugendlich verträumt. Außer »Mine« stechen vor allem »Back to December« und »Mean« heraus. *Speak Now* erobert im Nu Platz eins der Billboard 200-Charts und verkauft sich in den ersten Wochen nach dem Erscheinen eine Million Mal.

- Taylor Swift datet den Schauspieler Jake Gyllenhaal. Die Beziehung und ihr Ende regen Taylor Swift zu vielen Songs von *Red* an (auch wenn Taylor Swift keinen Namen nennt).

- Bei den 58. BMI Country Music Awards wird Taylor Swift als jüngste Preisträgerin aller Zeiten als Songwriterin des Jahres ausgezeichnet und »You Belong With Me« als Song des Jahres.

- Taylor Swift wird bei den AMA als Beliebteste Sängerin ausgezeichnet.

2011

- Taylor Swift erhält mit Entertainerin des Jahres die höchste Auszeichnung der 46. ACM Awards.

- Die *Speak Now* World Tour beginnt in Singapur und wird zur kommerziell erfolgreichsten Solotour des Jahres 2011.

- Taylor Swift kauft ein Haus in Beverly Hills, Kalifornien.

- Vor dem Start der *Speak Now*-Tour veranstaltet Taylor Swift in Nashville ein Benefizkonzert, dessen Erlöse an Tornadoopfer im Südosten der USA gehen.

- Bei den Billboard Music Awards (BBMA) gewinnt Taylor Swift die Auszeichnungen Top Billboard 200 Artist, Top Country Artist und Top Country Album (für *Speak Now*).

- Für ihre Verdienste, Countrymusic ins internationale Rampenlicht zu rücken, erhält Taylor Swift von der ACM den Jim Reeves International Award.

- Taylor Swift wird von *Billboard* zur Frau des Jahres ernannt.

- Bei Taylor Swift zieht die Schottische Faltohrkatze Meredith Grey ein, die nach der Hauptfigur in der TV-Serie *Grey's Anatomy* benannt ist.

- Taylor Swift gewinnt zum zweiten Mal den CMA Award für die Entertainerin des Jahres.

- Taylor Swift erhält bei den AMA die Auszeichnungen Beliebteste Countrysängerin, Beliebtestes Countryalbum (für *Speak Now*) und Künstlerin des Jahres.

2012

- Taylor Swift gewinnt zwei Grammys für ihren Song »Mean«.

- Taylor Swift wirkt in dem Animationsfilm *Der Lorax* zum ersten Mal als Synchronsprecherin mit.

- Bei den 25. Nickelodeon Kids' Choice Awards wird Taylor Swift für ihr wohltätiges Engagement von Michelle Obama der Big Help Award überreicht.

- Taylor Swift wird bei den ACM Awards zum zweiten Mal hintereinander zur Entertainerin des Jahres gekürt.

- Taylor Swift und Ed Sheeran freunden sich an und beginnen gemeinsame Projekte. Ihren ersten gemeinsamen Song »Everything Has Changed« sollen sie auf einem Trampolin geschrieben haben.

- »We Are Never Ever Getting Back Together« erscheint als Vorab-Auskopplung von *Red* und wird Taylor Swifts erster Nummer-eins-Hit in den Billboard Hot 100-Charts.

- Der Schuhhersteller Keds produziert mit Taylor Swift eine Schuhserie und mehrere Videos, die junge Mädchen zu mehr Selbstbewusstsein ermutigen sollen.

- *Red* wird veröffentlicht. Während alle früheren Alben eine Mischung aus Pop und Country gewesen sind, ist *Red* überwiegend ein Popalbum. Zum ersten Mal hat Taylor Swift mit den Popproduzenten Max Martin und Shellback zusammengearbeitet, von denen die Titel »22«, »I Knew You Were Trouble« und »We Are Never Ever Getting Back Together« stammen. Das Album klettert sofort an die Spitze der Billboard 200-Charts und verkauft sich in der ersten Woche 1,208 Millionen Mal.

- Taylor Swift wird bei den AMA zur Beliebtesten Countrysängerin gewählt und singt bei der Preisverleihung zum ersten Mal ihren Song »I Knew You Were Trouble«.

- Taylor Swift datet mehrere Monate lang Harry Styles von One Direction. Später vermuten Fans, dass eine Reihe von Songs des Albums *1989* von ihm handeln.

2013

- Taylor Swift wird Markenbotschafterin für Coca Cola light.

- Taylor Swifts *Red*-Tour hat ihren Auftakt in Omaha, Nebraska, führt durch Europa und Australien und endet in Asien. Es wird die kommerziell erfolgreichste Tour des Jahres.

- Taylor Swift kauft für 17,75 Millionen Dollar ein Strandhaus in Watch Hill, Rhode Island.

- Taylor Swift gewinnt bei den Billboard Music Awards acht Preise, darunter die Auszeichnung Top Artist.

- David Mueller, ein DJ aus Denver, wird von Taylor Swift beschuldigt, sie vor einem Konzert bei einem Meet-and-Greet-Foto begrapscht zu haben. Taylor Swift informiert ihr Team über den Vorfall, nachdem ihre Fans und Mueller den Raum verlassen haben. Daraufhin wird Mueller von Securityleuten aus der Konzerthalle entfernt und später von seinem Arbeitgeber KYGO gefeuert, nachdem gegen ihn Anzeige erstattet wurde.

- Taylor Swift erhält den VMA für »I Knew You Were Trouble« als Bestes Video einer Sängerin.

- Die Country Music Hall of Fame eröffnet in Nashville das Taylor-Swift-Bildungszentrum, das mit einer Vier-Millionen-Dollar-Spende der Sängerin gebaut wurde. Das Museum soll jungen Leuten interaktiv musikalisches Know-how vermitteln.

- Nach Garth Brooks erhält Taylor Swift den Pinnacle Award der CMA. Die nicht alljährlich verliehene Auszeichnung geht nur an außergewöhnlich erfolgreiche Countrysängerinnen und -sänger.

- Bei den AMA gewinnt Taylor Swift die Auszeichnungen Beliebteste Pop/Rocksängerin, Beliebteste Countrysängerin, Beliebtestes Countryalbum (für *Red*) und Künstlerin des Jahres.

2014

- Taylor Swift bezieht in New York ein Apartment, das kurz zuvor der Regisseur Peter Jackson bewohnte.

- Taylor Swift legt sich eine zweite Schottische Faltohrkatze zu und benennt sie nach Detective Olivia Benson aus der TV-Serie *Law & Order: SVU*.

- Taylor Swift übernimmt eine kleine Rolle in dem Film *Hüter der Erinnerung* mit Jeff Bridges und Meryl Streep in den Hauptrollen.

- »Shake It Off« kommt als Vorab-Auskopplung aus *1989* auf den Markt und wird Taylor Swifts zweite Platz-eins-Single in den Billboard Hot 100-Charts.

- Taylor Swift ist die erste Künstlerin, die von *Billboard* zur Frau des Jahres gekürt wird.

- *1989*, Taylor Swifts erstes reines Popalbum, kommt heraus. Der Titel nennt das Geburtsjahr der Sängerin und soll auf ihre musikalische Wiedergeburt verweisen. Merkmale des Albums sind Synthiepop-Elemente, 1980er-Jahre-Anklänge und leuchtende Farben. Die Zusammenarbeit mit Martin und Shellback wurde durch die neuen Produzenten Jack Antonoff und Ryan Tedder ergänzt. Mit ihrer Entscheidung, ein Popalbum zu machen und mit ihrer Countryvergangenheit zu brechen, stößt Taylor Swift bei ihrem Plattenlabel auf Widerstand, setzt sich aber durch.

Zu den ausgekoppelten Singles zählen »Welcome To New York«, »Bad Blood« und »Blank Space«. *1989* eroberte die Spitze der Billboard 200-Charts. In der ersten Woche nach der Veröffentlichung findet das Album viel mehr Käufer als erwartet, nämlich 1,287 Millionen.

- Am Tag der Veröffentlichung von *1989* wird Taylor Swift zur Globalen Städtebotschafterin New Yorks ernannt.

- Taylor Swift erklärt, alle Einnahmen aus dem Verkauf der Single »Welcome To New York« für New Yorks öffentliche Schulen zu spenden.

- Nachdem sie sich einige Monate zuvor im *Wall Street Journal* dagegen ausgesprochen hatte, dass Streaming-dienste Musik kostenlos zur Verfügung stellen, lässt Taylor Swift all ihre Titel bei Spotify entfernen. *1989* wird dort nicht eingestellt.

- Taylor Swift erhält bei den AMA den erstmals verliehe-nen Dick Clark Award for Excellence, da es vor ihr keiner Künstlerin und keinem Künstler gelungen ist, von drei Alben jeweils eine Million Exemplare in der ersten Woche nach der Veröffentlichung zu verkaufen.

- Das Grammy Museum eröffnet die Ausstellung *The Taylor Swift Experience* und präsentiert handgeschriebene Song-texte, Fotos, Tourrequisiten und andere Dinge, die die Karriere der Sängerin dokumentieren.

- Taylor Swift ist Gast der TV-Sendung »Barbara Walters Presents: The 10 Most Fascinating People of 2014«.

2015

- Taylor Swift gewinnt bei den Brit Awards den Titel Beste Internationale Künstlerin.

- Taylor Swift datet den DJ und Produzenten Calvin Harris.

- Taylor Swift offenbart auf Tumblr die Krebserkrankung ihrer Mutter Andrea und ermutigt ihre Fans und deren Angehörige, zur Krebsvorsorge zu gehen.

- Bei den 50. ACM Awards erhält Taylor Swift den Milestone Award. Ihre Mutter Andrea überreicht ihr den Preis.

- Die *1989* World Tour beginnt in Tokio. Bei jedem Konzert kommen Überraschungsgäste wie Mick Jagger oder Ellen DeGeneres auf die Bühne. Die Tour spielt mehr als 250 Millionen Dollar ein, deutlich mehr als Taylor Swifts drei frühere Solotouren.

- Taylor Swift gewinnt bei den Billboard Music Awards acht Preise (u. a. die Auszeichnung Top Artist und Top Female Artist) – die meisten Auszeichnungen, die bei den BBMA jemals an eine einzelne Künstlerin vergeben wurden. Außerdem feiert bei der Veranstaltung das Video zu »Bad Blood« Premiere.

- *Forbes* führt Taylor Swift an 64. Stelle der 100 mächtigsten Frauen der Welt.

- In einem offenen Brief beklagt Taylor Swift, dass Apple Music während der dreimonatigen kostenlosen Nutzung des Streamingdienstes nichts an die Künstlerinnen und Künstler zahle. In weniger als einer Woche änderte Apple Music seine Firmenpolitik, woraufhin Taylor Swift verkündete, sie werde *1989* (und alle übrigen Alben) bei Apple Music einstellen lassen.

- David Mueller (der DJ, der von Taylor Swift beschuldigt wurde, sie begrapscht zu haben) verklagt Taylor Swift wegen Verleumdung. Durch ihre falsche Beschuldigung habe sie seine Karriere zerstört. Nicht er, sondern Eddie Haskell, Muellers früherer Boss beim Radiosender KYGO, habe den sexuellen Übergriff begangen. Einen Monat nach Muellers Anzeige erstattet Taylor Swift im Oktober eine

Gegenanzeige, in der sie feststellt, sehr wohl zu wissen, wer sie begrapscht habe. Sie verklagt Mueller auf ein symbolisches Schmerzensgeld in Höhe von einem Dollar.

- Taylor Swift gewinnt einen Emmy für ihre Kreative Leistung im Bereich interaktiver Medien. Anlass der Auszeichnung ist Taylor Swifts App mit dem Titel »AMEX Unstaged: The Taylor Swift Experience«. Die App ermöglicht ihren Fans, hinter die Kulissen des Videos zu »Blank Space« zu blicken.

- Der Songwriter Jessie Braham beschuldigt Taylor Swift, sie habe bei ihrem Hit »Shake It Off« Textzeilen aus seinem Song »Haters Gone Hate« verwendet. Als die Richterin die Abweisung der Klage begründet, zeigt sie, dass sie die Songs von Taylor Swift sehr genau kennt.

- Bei den AMA erhält Taylor Swift Auszeichnungen in den Sparten Beliebteste zeitgenössische Künstlerin, Beliebtestes Pop/Rockalbum (für *1989*) und Song des Jahres (für »Bad Blood«).

- Taylor Swift veröffentlicht bei Apple Music als Video den Livemitschnitt eines Konzerts während der *1989* World Tour.

2016

- Taylor Swift wird bei den 58. Grammy Awards für das Beste Musikvideo (»Bad Blood«), das Beste Pop-Gesangsalbum und das Album des Jahres (*1989*) ausgezeichnet. Als erste Frau erhält sie den Preis Album des Jahres zum zweiten Mal (zuvor für *Fearless*). In ihrer Rede ermutigt sie alle Frauen, sich bei ihrer Karriere nicht von Kritikern entmutigen zu lassen.

- Taylor Swift unterstützt die Sängerin Kesha bei einer gerichtlichen Auseinandersetzung mit deren Produzenten Dr. Luke mit 250 000 Dollar für Anwaltskosten.

- Taylor Swift gewinnt bei den 64. BMI Pop Awards den neu geschaffenen Taylor Swift Award.

- Taylor Swift wird bei den BBMA als Künstlerin mit der erfolgreichsten Konzerttour ausgezeichnet.

- Taylor Swift stellt als Popsängerin mit dem höchsten Jahreseinkommen einen Guinness-Weltrekord auf.

- Taylor Swift datet den Schauspieler Tom Hiddleston.

- Taylor Swifts Ex Calvin Harris bestätigt bei Twitter Gerüchte, sie habe ihm beim Schreiben des Songs »This Is What You Came For« unter dem Pseudonym Nils Sjoberg geholfen. Harris lobt Taylor Swifts Qualitäten als Songwriterin, beschuldigt sie aber, ihn wie auch Katy Perry (mit der sie schon länger im Streit liegt) fertigmachen zu wollen. Harris und Taylor Swift hatten nachweislich vereinbart, Taylor Swifts Beteiligung geheim zu halten.

- *Forbes* führt Taylor Swift mit 170 Millionen Dollar als Top-Verdienerin des Jahres 2016 an.

- David Muellers Antrag, Taylor Swifts Gegenklage wegen sexueller Nötigung bei Gericht abzuweisen, scheitert.

- Für die Countryband Little Big Town schreibt Taylor Swift den Song »Better Man«. Zunächst verschweigt die Band Taylor Swifts Beteiligung mit der Begründung, ihr Name würde zu sehr von dem Song selbst ablenken.

2017

- Taylor Swift datet den Schauspieler Joe Alwyn. Es gelingt ihr, die Beziehung zu ihm mehrere Monate geheim

zu halten, da die beiden öffentliche Auftritte meiden und
auch in Interviews nichts verraten.

- Taylor Swifts frühere Alben werden bei Spotify wieder
eingestellt. Als Anlass gibt das Plattenlabel Big Machine
an, es gebe einen Grund zum Feiern, denn *1989* habe
sich zehn Millionen Mal verkauft. Dass dies am 9. Juni
geschieht, so wird vermutet, hat damit zu tun, dass Katy
Perrys Album *Witness* an diesem Tag herauskommt.

- Taylor Swift und Mueller erscheinen vor einem Zivilge-
richt in Denver, Colorado. Nach vier Verhandlungstagen,
in denen Taylor Swift, ihr Team und ihre Mutter Andrea
aussagen, entscheidet eine achtköpfige Jury zugunsten der
Sängerin. Wegen Muellers sexuellem Übergriff sei die For-
derung seiner Entlassung gerechtfertigt gewesen. Taylor
Swift wird ein symbolisches Schmerzensgeld von einem
Dollar zugesprochen.

- Taylor Swift macht eine Spende für die Joyful Heart Foun-
dation, die Opfern sexueller Gewalt hilft.

- Taylor Swift löscht alle Beiträge auf ihren Social-Media-
Accounts und befeuert damit Gerüchte, dass die Veröffentlichung eines neuen Albums bevorstehe. Kurz darauf
postet Taylor Swift Videos mit einer Schlange und deutet
damit an, um welche Themen es in *Reputation* geht.

- »Look What You Made Me Do« kommt heraus – und
wird am selben Tag acht Millionen Mal gestreamt, was
alle Rekorde bricht. Der Song und das zugehörige Video
greifen satirisch zum einen die jahrelangen Streitigkeiten
zwischen Taylor Swift und Kanye West, Katy Perry sowie
Calvin Harris auf, zum anderen die überzogenen Medien-
berichte über Taylor Swift.

- *Reputation* wird veröffentlicht. Einige Songs handeln von
Taylor Swifts vermeintlich hinterhältigem Wesen einer

Schlange, andere sind empfindsame Liebeslieder, zu denen die Sängerin wohl durch ihren Freund Joe Alwyn inspiriert wurde. Als Produzenten hat nur das Team Max Martin, Shellback und Jack Antonoff mitgewirkt. Außer »Look What You Made Me Do« werden noch »...Ready For It?«, »Gorgeous« und »Delicate« als Singles ausgekoppelt. Zum Zeitpunkt der Veröffentlichung gibt Taylor Swift keine Interviews und tritt nicht in den Medien auf, hat aber Verträge mit den Firmen UPS, Target und AT&T geschlossen, um das Album zu promoten. *Reputation* schnellt an die Spitze der Billboard 200-Charts und wird in der ersten Woche nach Erscheinen 1,2 Millionen Mal verkauft.

- *Time* ernennt Taylor Swift zur Person des Jahres, da sie als eine Vertreterin der #MeToo-Bewegung das Schweigen bei sexuellen Übergriffen gebrochen habe. In dem Artikel wird Taylor Swift zu dem Übergriff auf sie und den Gerichtsprozess befragt. Sie ermutigt Opfer sexueller Gewalt, sich nicht selbst die Schuld für das Geschehen zu geben.

2018

- Taylor Swift teilt bei Instagram mit, sie habe für March for Our Lives gespendet – eine Bewegung, die sich für eine Verschärfung des Waffenrechts einsetzt.

- Taylor Swift tritt im Bluebird Cafe überraschend mit dem Songwriter Craig Wiseman auf. Sie singt »Shake It Off«, »Love Story« und »Better Man«, einen Song, den sie ursprünglich für die Band Little Big Town geschrieben hatte.

- Der Auftakt der *Reputation* Stadium Tour findet in Glendale, Arizona, statt. Die Tour führt durch Nordamerika, Europa, Ozeanien und Asien – und bricht in den USA alle Einspielrekorde, die je von einer Sängerin aufgestellt wurden.

- Nachdem sie lang zu keinen Preisverleihungen erschienen war, nimmt Taylor Swift bei den BBMA die Auszeichnungen als Beste Künstlerin und für das Meistverkaufte Album entgegen.

- Zum ersten Mal unterstützt Taylor Swift öffentlich Kandidaten der Demokraten. In einem Instagram-Post spricht sie sich für Phil Bredesen und Jim Cooper aus, die in Tennessee bei den Wahlen zum US-Kongress kandidieren. Zugleich tritt Taylor Swift für die Rechte der Frauen, von People of Color und des LGBTQ-Personenkreises ein. In den ersten 24 Stunden nach ihrem Post lassen sich 166 000 neue Wählerinnen und Wähler registrieren, von denen etwa die Hälfte zwischen 18 und 29 Jahre alt ist.

- Bei den AMA wird Taylor Swift in den Sparten Künstlerin des Jahres, Beliebteste Künstlerin im Bereich Pop/Rock, Beliebtestes Pop/Rockalbum und Tour des Jahres ausgezeichnet. Nie zuvor hat eine Künstlerin bei den AMA so viele Preise erhalten.

- Taylor Swift unterschreibt bei der Universal Music Group einen Vertrag über mehrere Alben, der ihr die Rechte an allen zukünftigen Masteraufnahmen sichert. Das Plattenlabel stimmt außerdem zu, die Einnahmen aus Spotify-Streamings auch dann vorbehaltlos an alle Künstlerinnen und Künstler auszuzahlen, wenn frühere Vorauszahlungen nicht durch andere Erlöse ausgeglichen worden sind.

2019

- Bei den iHeartRadio Music Awards wird Taylor Swift für die Tour des Jahres und das Beste Musikvideo (»Delicate«) ausgezeichnet. In ihrer Rede dankt Taylor Swift ihren Fans dafür, die *Reputation* Stadium Tour zu einem Erfolg gemacht zu haben, den viele nicht erwartet hätten.

Taylor Swift versichert zudem, sie werden die Fans als Erste über neue Songs informieren.

- Taylor Swift spendet 113 000 Dollar für das Tennessee Equality Project, das sich für die Rechte von LGBTQ-Gruppen einsetzt.

- Taylor Swift wird bei *Time* als eine der 100 mächtigsten Personen gelistet. Die Begründung verfasst der Popsänger Shawn Mendes.

- Taylor Swift finanziert in Nashville ein großes Wand-gemälde der Künstlerin Kelsey Montague. Es zeigt einen Schmetterling mit Flügeln voller Herzen, Katzen, Regen-bogen und Blumen.

- Nach wochenlangen Vorankündigungen in den Social Media veröffentlicht Taylor Swift die Single »ME!« – ein fröhliches Loblied auf das eigene Ich. In Bonbonfarben zeigt das Video eine Schlange, die zu Schmetterlingen ex-plodiert, Taylor Swifts neues Kätzchen (Benjamin Button) und schräge Fotos von »cool chicks« (darunter auch von Sängerinnen der Band The Chicks).

- Nach all den Andeutungen im »ME!«-Video kündigt Taylor Swift auf Instagram Live ihr neues Album *Lover* an. In der Nacht darauf wird eine weitere Single vorab veröffentlicht: »You Need To Calm Down«.

- Scott Borchetta, der Gründer von Taylor Swifts früherem Plattenlabel, verkauft Big Machine Records und die Mas-teraufnahmen der ersten sechs Alben an Scooter Braun. Taylor Swift versucht, selbst die Rechte daran zu kaufen, lehnt aber einen Vertrag ab, der sie für weitere sechs Alben an das Label binden würde. Taylor Swift bezeichnet Braun als »manipulativen« Tyrannen, der nicht länger an ihrer Musik verdienen soll. Die Verhandlungen scheitern endgültig, als Taylor Swift eine vertrauliche Erklärung unterschreiben soll, die sie dazu verpflichten würde, sich nur positiv über Braun zu äußern. In einem CBS-Interview kündigt Taylor Swift schließlich an, durch ein Re-Recording ihrer früheren Alben eigene Masteraufnahmen zu erstellen und damit Brauns Versionen wertlos zu machen.

- *Lover* kommt als Taylor Swifts siebtes Studioalbum bei dem Label Republic Records heraus, das zur Universal Music Group gehört und Taylor Swift die Rechte an den Masteraufnahmen sichert. Das Album besteht hauptsächlich aus Lovesongs, die sich um Taylor Swifts Freund Joe Alwyn drehen, und strahlt Lebensfreude und Zuversicht aus. Außerdem zeigt Taylor Swift ihre Unterstützung für LGBTQ-Gruppen, vor allem in dem Song und Musikvideo »You Need To Calm Down«. Im Unterschied zu *Reputation* promotet Taylor Swift das Album in den Social Media, in Interviews und Talkshows. Den Single-Auskopplungen von »Me!« und »You Need To Calm Down« folgen »The Archer« und »The Man«.

- Taylor Swift gibt die Termine ihrer für 2020 geplanten Tour *Lover Fest* bekannt, die sich auf Konzerte in Los Angeles und Boston sowie in europäischen und südamerikanischen Städten konzentrieren soll.

- Bei den AMA wird Taylor Swift in den Sparten Künstlerin des Jahres, Künstlerin des Jahrzehnts, Beliebteste Künstlerin im Bereich Pop/Rock, Beliebteste Künstlerin (spartenübergreifend) und Beliebtestes Musikvideo (»You Need To Calm Down«) ausgezeichnet.

- Taylor Swift tritt in der Filmversion von *Cats* als Bombalurina auf.

- *Lover* stellt als weltweit meistverkauftes Album einer einzelnen Sängerin einen Guinness-Weltrekord auf.

2020

- *Miss Americana* wird bei Netflix ausgestrahlt. Die Dokumentation zeichnet die Entstehung des Albums *Lover* nach, zeigt Taylor Swift beim Songwriting, aber auch die Schattenseiten der Berühmtheit eines Stars, der sich eher ins Privatleben zurückgezogen hat. Der Film geht auch auf ihr Eintreten für die Kandidaten der Demokraten bei den Kongresswahlen 2018 ein, was zu Streit mit ihrem Team führte.

- Wegen der Covid-19-Pandemie muss Taylor Swift die *Lover Fest*-Tour verschieben.

- Auf Instagram postet Taylor Swift ein Schwarz-Weiß-Foto, das sie im Wald zeigt. Es ist das Cover ihres achten Studioalbums (*Folklore*), das kurz darauf um Mitternacht veröffentlicht wird und sich im Stil deutlich von den früheren unterscheidet.

- *Folklore* nimmt eine Sonderstellung innerhalb der Popkultur ein und steigt zum meistverkauften Album des Jahres 2020 auf. Es beweist Taylor Swifts Fantasie und Können als Songwriterin, die in ihren Liedern von erfundenen, aber auch historischen Figuren und aus ihrem eigenen Leben erzählt. Der Sound des Albums erinnert mehr an Indieballaden und weniger an Taylor Swifts üblichen Popstil. Die reifen Texte und der neue Sound finden fast überall Beifall und bringen der Künstlerin viele neue Fans ein. Die Songs wurden während der Isolation in der Pandemie geschrieben und aufgenommen, die meisten davon in aller Zurückgezogenheit mit Jack Antonoff und Aaron Dessner.

- Taylor Swift kündigt den Dokumentarfilm *Folklore: The Long Pond Studio Sessions* und ein Begleitalbum an, die beide um Mitternacht veröffentlicht werden. Die auf Disney+ ausgestrahlte Dokumentation zeigt Taylor Swift, wie sie alle Songs von *Folklore* einspielt und darüber mit Aaron Dessner und Jack Antonoff diskutiert. Es ist der erste Film, bei dem Taylor Swift Regie führt und den sie selbst produziert. Film und Livealbum erhalten positive Kritiken.

- Im Dezember postet Taylor Swift weitere Fotos, die sie in einem Wald zeigen. In der darauffolgenden Nacht wird *Evermore* veröffentlicht, das Schwesteralbum von *Folklore*, wie Taylor Swift es nennt. Wie bei *Folklore* sind einige der Songs in der Zeit der Isolation entstanden, viele davon hat Taylor Swift jedoch erst mit Dessner und Antonoff aufgenommen, nachdem die Dreharbeiten für den Dokumentarfilm in den Long Pond Studios abgeschlossen waren. *Evermore* ähnelt im Stil *Folklore*: Auch hier erzählen die Songs erfundene und wahre Geschichten aus Taylor Swifts Fantasie und aus ihrem Leben, doch neben den von *Folklore* bekannten Indieklängen zeigt *Evermore* musikalisch mehr Experimentierfreude.

- Bei den AMA gewinnt Taylor Swift die Preise für die Künstlerin des Jahres, die Beliebteste Künstlerin im Bereich Pop/Rock und das Beliebtestes Musikvideo (»Cardigan«).

2021

- Taylor Swift sagt die *Lover Fest*-Tour offiziell ab und erstattet den Fans die Kosten für bereits gekaufte Tickets.

- *Folklore* beschert Taylor Swift den Grammy für das Album des Jahres.

- *Fearless (Taylor's Version)* kommt heraus – das erste frühere Album, das Taylor Swift neu eingespielt hat. »Love Story (Taylor's Version)« klettert als Single an die Spitze der Billboard Hot Country Songs-Charts. Damit ist Taylor Swift neben Dolly Parton die zweite Künstlerin, die mit demselben Song in zwei Versionen einen Nummer-eins-Hit landet. Auch das Album erobert die Charts. Fans wie auch Kritiker loben die Neueinspielung für die bessere Präsenz der Stimmen und Instrumente.

- *Red (Taylor's Version)* kommt als zweite Neueinspielung auf den Markt und wird von Taylor Swift bei zahlreichen Auftritten in Talkshows und in *Saturday Night Live* sowie durch die Partnerschaft mit Starbucks promotet. Das Album umfasst neben den zwanzig Songs der ursprüng-lichen Deluxe Edition auch sechs neue Titel, drei zuvor separat veröffentlichte und eine zehnminütige Version von »All Too Well«. Dazu dreht Taylor Swift unter ihrer Regie einen Kurzfilm, der die melodramatische Liebesromanze des Songs aufgreift.

- Taylor Swift wird bei den AMA erneut als Beliebteste Künstlerin im Bereich Pop/Rock und für das Beliebteste Pop/Rockalbum (*Evermore*) ausgezeichnet.

- Taylor Swift gewinnt bei den Billboard Music Awards die Titel Top Billboard 200 Artist und Top Female Artist.

- Bei den Brit Awards erhält Taylor Swift den Global Icon Award.

- *Folklore* bekommt als Album des Jahres einen Grammy.

2022

- Die Universität New York verleiht Taylor Swift die Ehren-
  doktorwürde in Kunstwissenschaften.

- *Midnights* kommt als Taylor Swifts zehntes Studioalbum
  heraus. Nach den idyllischen Songs von *Folklore* und
  Evermore über das Leben auf dem Land ist *Midnights* eine
  Rückkehr zum Pop. Taylor Swift spricht von einem Kon-
  zeptalbum, das sich mit den vielen schlaflosen Nächten in
  ihrem Leben beschäftigt. Um drei Uhr früh wird *Midnights
  (3am Edition)* veröffentlicht – eine Version mit einigen
  Songs des kompletten Albums. Auch wenn es Fans gibt,
  die nach *Folklore* enttäuscht reagieren, wird *Midnights* mit
  Songs wie »Anti-Hero«, »Lavender Haze« und »Karma«
  überwiegend positiv aufgenommen.

- Zum ersten Mal in der Geschichte der Hot 100 werden
  in einer Woche die ersten zehn Plätze von einer einzigen
  Person erobert – Taylor Swift.

- Taylor Swift kündigt die *Eras*-Tour als eine Reise durch
  ihre gesamte Karriere an. Allein im Vorverkauf werden
  zwei Millionen Tickets geordert – das sind 90 Prozent aller
  Plätze bei ihren Konzerten in den USA. Die Tour wird ein
  unglaublicher Erfolg. Und wo immer Taylor Swift auftritt,
  berichten die Städte von den positiven Auswirkungen auf
  die lokale Wirtschaft.

- Taylor Swift kündigt ihr Vorhaben an, in Zusammenarbeit
  mit Searchlight Pictures einen Spielfilm zu drehen. Eine
  Woche später erscheint in *Variety's* ein Interview, das der
  Regisseur Martin McDonagh mit Taylor Swift führt und in
  dem er mit ihr über ihre Entwicklung von einer Singer-
  Songwriterin zur Regisseurin von Musikvideos spricht.

- Bei den MTV Video Music Awards wird Taylor Swifts *All Too Well: The Short Film* als Video des Jahres ausgezeichnet.

- Bei den AMA wird Taylor Swift in den Sparten Künstlerin des Jahres, Beliebteste Künstlerin im Bereich Country, Beliebteste Künstlerin im Bereich Pop/Rock, Beliebtestes Musikvideo (*All Too Well: The Short Film*), Beliebtestes Countryalbum und Beliebtestes Popalbum (für *Red – Taylor's Version*) ausgezeichnet.

- Taylor Swift gewinnt bei den Billboard Music Awards die Titel Top Billboard 200 Artist, Top Country Artist und Top Country Female Artist. *Fearless (Taylor's Version)* wird in der Sparte Top Country Album nominiert, der Sieg geht allerdings an *Red (Taylor's Version)*.

2023

- Taylor Swifts *All Too Well: The Short Film* gewinnt den Granny für das Beste Musikvideo und wird bei den Hollywood Critics Association Film Awards als Bester Kurzfilm prämiert.

- Taylor Swift wird bei den Nickelodeon Kids' Choice Awards als Beliebteste Künstlerin ausgezeichnet. *Midnights* wird zum Beliebtesten Album, Swifts Katze Olivia Benson zum Beliebtesten Haustier gewählt.

- Die *Eras*-Tour beginnt in Glendale, Arizona, wo das Konzert mehr Geld in die Kassen der Stadt spült als der Super Bowl, der einen Monat zuvor im selben Stadion stattfand.

- Taylor Swift erhält bei den iHeartRadio Music Awards den Innovator Award und für *Midnights* die Auszeichnung Album des Jahres. »Anti-Hero« siegt in den Sparten Song des Jahres und Bester Text, »Bejeweled« wird zum TikTok

Bop of the Year gewählt und »Question...?« zum Favorite Use of a Sample.

- Taylor Swift beendet die Beziehung mit Joe Alwyn. Zur selben Zeit veröffentlicht Taylor Swift die Songs »Hits Different« und »You're Losing Me«, die Fans als Ankündigung der Trennung deuten.

- Bei den MTV Movie & TV Awards wird »Carolina« als bester Song ausgezeichnet.

- Beinahe vier Jahre nach der Veröffentlichung von *Lover* kommt »Cruel Summer« als Single-Auskopplung heraus, weil sich der alte Song während der *Eras*-Tour zu einem Lieblingstitel der Fans entwickelt hat.

- *Speak Now (Taylor's Version)* wird veröffentlicht. Die Neueinspielung enthält sechs zusätzliche Songs, die Taylor Swift bereits geschrieben, aber nie veröffentlicht hatte. Auch wenn einige Kritiker und Fans anmerken, dass das Album durch Taylor Swifts mittlerweile gereifte Stimme an Charme verloren habe, fallen die meisten Beurteilungen begeistert aus.

- Bei den MTV Video Music Awards gewinnt Taylor Swift mit »Anti-Hero« in den Sparten Video des Jahres, Song des Jahres, Bester Popsong, Beste Regie, Beste Kameraführung und Beste visuelle Effekte. *Midnights* wird zum Album des Jahres gewählt, Taylor Swift zur Künstlerin des Jahres. Taylor Swift datet Travis Kelce, der in der NFL für die Kansas City Chiefs spielt. Nach dem ersten Spiel, das Taylor Swift besucht, steigen die Verkäufe von Kelce' Trikot um 400 Prozent. Beim zweiten Spiel, das sich Taylor Swift ansieht, wächst die Zahl der weiblichen TV-Zuschauer um zwei Millionen.

- *Taylor Swift: The Eras Tour* kommt heraus und wird zum Konzertfilm mit den höchsten Einspielergebnissen aller Zeiten.

- Das Medienunternehmen Bloomberg meldet, Taylor Swift sei nach Schätzung ihrer Einnahmen und dem Wert ihrer Häuser Milliardärin.

- *1989 (Taylor's Version)* kommt am 27. Oktober heraus und verursacht die meisten Streams, die 2023 an einem Tag bei Spotify und Apple Music vorkamen. Die Neueinspielung ist zugleich Taylor Swifts 13. Platz-eins-Album in den Billboard 200 Charts und sorgt innerhalb einer Woche für die meisten Verkäufe von Vinylplatten in diesem Jahrhundert. Wie schon bei den anderen Neueinspielungen werden an *1989 (Taylor's Version)* vor allem die verbesserte Stimmpräsenz und die Veröffentlichung bisher unbekannter Songs gelobt.

- Taylor Swift erscheint im Dezember auf dem Cover von *Time* als Person des Jahres.

2024

- Bei den 66. Grammy Awards wird *Midnights* als Bestes Album des Jahres und als Bestes Pop-Gesangsalbum ausgezeichnet. Bei ihrer Dankesrede kündigt Taylor Swift das Erscheinen ihres nächsten Albums für den 19. April an. Der Titel: *The Tortured Poets Department*. Taylor Swift erklärt, sie habe die Arbeit an dem Album direkt nach der Fertigstellung von *Midnights* begonnen und während der *Eras*-Tour heimlich fortgesetzt.

Weitere Quellen

Über Taylor Swift

Esquivel, Eric M: *Female Force: Taylor Swift*. Tidalwave, 2023.

* Der biografische Comic feiert Taylor Swifts außergewöhnliche Karriere und ihre alle Rekorde brechende *Eras*-Tour. Der Band ist Teil einer Comicserie über berühmte Frauen aus den Bereichen Musik, Popkultur und Politik.

Folklore: The Long Pond Studio Sessions. Disney+, 2020.

* Taylor Swift führte selbst Regie bei diesem von ihr produzierten Dokumentarfilm, der in einem abgelegenen New Yorker Aufnahmestudio entstand. Darin spielt sie alle *Folklore*-Songs und spricht über den kreativen Prozess, der zum Album führte.

Hunt, Helena (Hrsg.): *Taylor Swift: In Her Own Words*. Agate, 2019.

* Die Originalausgabe, die dieser Version zugrunde liegt, enthält weitere Zitate von Taylor Swift.

Miss Americana. Netflix, 2020.

* Die Dokumentation befasst sich mit Taylor Swifts beruflicher und privater Lebensphase zwischen den Alben *Reputation* und *Lover*. Der Film bietet einen ehrlichen und ungeschönten Blick in das Leben des Stars und verrät auch intime Details.

Über Songwriting und die Musikbranche

Bell, Ed: *How to Write a Song (Even If You've Never Written One Before and You Think You Suck)*. The Song Foundry, 2020.

- Ein Step-by-step-Guide zum Schreiben eines Songs — von der Idee über die Texte bis zur Musik.

Dylan, Bob: *Die Philosophie des modernen Songs*. C. H. Beck, 2022.

- Bob Dylan wirft einen Blick auf einige der großen Songs der vergangenen Jahrzehnte und erklärt ihren Erfolg.

Hollander, Sam: *21-Hit Wonder: Flopping My Way to the Top of the Charts*. Holt, 2022.

- Der Songwriter Sam Hollander erzählt, wie er es trotz vieler Misserfolge an die Spitze der Charts schaffte, und bietet Inspiration für junge Künstlerinnen und Künstler.

Rakim: *Sweat the Technique: Revelations on Creativity from the Lyrical Genius*. Amistad, 2019.

- Teils persönliche Erinnerungen, teils Schreibschule: Die Hip-Hop-Legende gibt einen Einblick in ihre Gedanken über Worte, das Schreiben und das Reimen.

Tweedy, Jeff: *Wie schreibe ich einen Song?* Heyne Verlag, 2022.

- Gitarrist Jeff Tweedy, Kopf der Band Wilco, fasst die Geheimnisse und die Magie des Songwriting in seinem Leitfaden zusammen und macht Lust, selbst kreativ zu werden.

White, Emily: *How to Build a Sustainable Music Career and Collect All Revenue Streams*. Podcast audio, seit 2021.

- Basierend auf Whites gleichnamigem Bestseller, bietet der Podcast einen methodischen Leitfaden für eine erfolgreiche Musikkarriere – vom Aufnehmen der Songs bis zum Vertrieb, zum Marketing und vielem mehr.

Über Frauen in der Musikindustrie

Bennet, Christine: *Musical Women Throughout History: The Women Who Fought for Music*. Flying Cat, 2022.
- Darstellungen über die Geschichte der Musik befassen sich meist mit männlichen Künstlern. Dieses Buch würdigt die Leistungen herausragender Musikerinnen.

Keys, Alicia: *Mehr ich selbst: Die offizielle Autobiografie der Sängerin*. Knaur H. C., 2020.
- Die Grammy-Preisträgerin Alicia Keys schildert die Ups und Downs ihrer Karriere in der Musikindustrie und ihrer Berühmtheit.

Parton, Dolly, und Robert K. Oermann: *Dolly Parton, Songteller: My Life in Lyrics*. Chronicle, 2020.
- Die beliebte Ikone der Countrymusic erzählt die Geschichten hinter ihren berühmten Songtexten.

Turner, Myra Faye: *The Untold Stories of Female Artists, Musicians, And Writers*. Atlantic, 2018.
- Das Buch erkundet das Leben eher unbeachteter Künstlerinnen verschiedener Epochen und enthüllt ihre bahnbrechenden Talente.